序

  呼伦贝尔市的文化，最早可以追溯到二万年前的古扎赉诺尔人。随着时间的推移和历史的进步，自公元前200年左右至清朝期间，辽阔的呼伦贝尔大地又先后孕育了东胡、匈奴、鲜卑、室韦、蒙古等十几个游牧部族，被誉为"中国北方游牧民族成长的历史摇篮"。其中影响中国乃至世界发展史的民族有：公元一世纪拓跋鲜卑族"南迁大泽"，进而入主中原，建立了北魏王朝；公元十三世纪，成吉思汗统一蒙古高原，建立了横跨欧亚的蒙古帝国。在史学界，呼伦贝尔继长江文化、黄河文化之后，被历史学家们称之为"中华文明的第三源"。由此我们可以断言，呼伦贝尔大文化就是原生态文化的再现和演绎。抚今追昔，无论是古老的草原游牧文化、森林狩猎文化，还是成吉思汗鞍马文化，无不渗透着"逐水草丰美而居"、信仰萨满、崇拜长生天、追求天人合一理念的一种文化精神写照。只有民族的才是世界的，正是因为这些游牧民族一代又一代地保持并传承了原生态文化所独有的特质，才会在一次又一次的民族融合、征战、迁徙中被保存了下来，成为呼伦贝尔不可多得的宝贵财富。如今，从生活在呼伦贝尔市43个少数民族群众的生产生活中，依稀可以找到原生态文化的影子。2007年9月26日，经中国民协批准，正式命名新巴尔虎左旗为"中国蒙古族长调民歌之乡"，并建立"中国蒙古族文化保护基地"；命名陈巴尔虎旗为"中国那达慕之乡"；命名鄂温克旗为"中国鄂温克文化之乡"，并建立"中国北方少数民族传统服饰文化研究基地"。原生态文化就是呼伦贝尔大文化的魂和根。

  从一般的认识来说，在中国古代史上，民族文化中的不少思想观念与精神因素对于巩固和延续封建的国家秩序起着重要的作用，因而受到自近代以来人们的强烈批判。然而，其中的精华部分所蕴涵的哲学意识、道德观念和艺术见解，不论是过去还是现在，又都在培育民族的优秀精神品格方面起着其他方式难以替代的重要作用。虽然从上世纪以来，中国已经发生文化转型的重大历史演进，传统的民族文化受到了严峻的挑战，大有以西方文化取代传统的民族文化的"革命"之势。但是，经过一个历史阶段的剧烈动荡和时间淘汰之后，多数人还是清醒地认为，传统的民族文化及其所包涵的民族精神，它的精华不仅凝结成了它的过去，也可以滋生出新的未来。尤其是其中所包涵的中华民族特有的优秀精神品质，对于这个民族的发展，对于我们国家的进步，都是不能排斥的。因而，它的国家意义、民族意义便得到了普遍认可。从文化本身来看，人们所主张的只有民族的才是世界的，保护民族文化的特色，才会使民族文化具有世界意义的观点，也同样意味着民族文化在任何一个国家都具有不可或缺的国家意义、民族意义、历史意义和现实意义。

  这次编辑出版的《呼伦贝尔文化博览丛书》共计六册，分别是：博物馆篇、非物质文化遗产篇、民族服装服饰篇、文艺演出篇、北方少数民族岩画篇、餐饮篇。该书集中反映了呼伦贝尔市自2001年10月10日"撤盟设市"以来，特别是"十一五"期间，呼伦贝尔市旅游文化战线发生的巨大变化，以及取得的令人欣慰的成果。该书在编撰过程中得到了全市旅游文化战线上广大同仁的大力支持与帮助，不仅丰富了《呼伦贝尔文化博览丛书》的内容，也提高了该系列丛书的文化内涵与艺术价值、实用价值和收藏价值。这是一部值得一看，值得细细品味，值得认真研究的经典之作，真诚地希望大家通过阅读此书，对呼伦贝尔的民族文化有一个更加全面、更加深刻的了解。并留给人们作为永久的精神文化遗产。

  诚然，该书在编撰过程中，由于受时间紧、任务重、要求高、内容多等诸多客观因素限制，不足与失误之处在所难免，敬请广大读者批评指正。

金昭

2011年3月9日

《呼伦贝尔文化博览丛书》

编辑委员会

主　任：金　昭
副主任：刘兆奎　吴宏杰　诺　敏
　　　　钱瑞霞　郭　苹
成　员：高　茹　乔　平　闫传佳
　　　　左　刚　王彭甲　刘青友
　　　　白劲松　郭晓环　肖海昕
　　　　于国良　张丽杰　张承红
　　　　谭福洁　王忠民　孙　莹
　　　　崔越领

编写组

主　编：金　昭
副主编：刘青友
编写人员：高　茹　乔　平　闫传佳　左　刚　王彭甲　刘青友　白劲松　郭晓环
　　　　莲　花　肖海昕　于国良　张丽杰　殷焕良　崔越领　李　慧　刘惠忠
　　　　张承军　张忠良　李　浩　宋文浩　王大钊　吕思义　赵　蕾　贺海丽
　　　　张春香　黄国庆　张桂芳　乌日图　白雪峰　白春梅　张永超　玲　丽
　　　　索日娅　何丽英　张国文　孟松涛　于洪宇　孙　磊　刘　博　关　艳
　　　　鄂　晶　何振华　杜国军　武峰强　贾福娟　孙志彬　孟　丽　山　丹
　　　　董慧敏　郭志英　朱新章　吴玉明　孙静佳　朱朝霞　马静龙　刘立东
　　　　伊　敏　朱秀杰　铁　钢　包青林　周　燕　哈　森　范　博　满　达
　　　　吴玉华　建　军　宏　雷　陈乃森　曹珂香　阿纳尔　包玉波　壬　岩
　　　　金铭峰　郭旭光　讷荣芳　王艳梅　崔东波　吴　杰　白春英　杨玉琴
　　　　孙祖栋　王汉俊　邢　锐　孙志斌　马　健　关　荣　韩金玲　朱智卓
　　　　黄国庆　李光明　新苏优勒　乌仁高娃　敖登高娃　哈森其其格
　　　　阿拉木斯　乌丽娅苏　庆格勒图

（本排名不分先后）

目录

1 呼伦贝尔民族博物院 ... 2
2 鄂温克博物馆 ... 15
3 布利亚特博物馆 ... 17
4 巴彦塔拉达斡尔民俗博物馆 ... 20
5 巴彦嵯岗名人陈列馆 ... 23
6 巴彦托海镇博物馆 ... 25
7 红花尔基森林博物馆 ... 27
8 莫力达瓦达斡尔族自治旗达斡尔民族博物馆 ... 29
9 萨满文化博物馆 ... 32
10 鄂伦春旗博物馆 ... 34
11 扎兰屯市博物馆 ... 36
12 扎兰屯市中东铁路博物馆 ... 39
13 扎兰屯市朝鲜民族博物馆 ... 41
14 阿荣旗王杰纪念馆 ... 42
15 东北抗联纪念馆 ... 43
16 阿荣旗新发乡朝鲜族博物馆 ... 46
17 乌尔旗汉自然博物馆 ... 48
18 巴尔虎博物馆 ... 52
19 思歌腾博物馆 ... 56

20 满洲里市博物馆 58
21 满洲里市沙俄监狱旧址陈列馆 60
22 扎赉诺尔历史文化陈列馆 62
23 扎赉诺尔鲜卑墓陈列厅 64
24 呼伦贝尔副都统衙门博物馆 66
25 海拉尔要塞博物馆 68
26 海拉尔农垦史展馆 70
27 敖鲁古雅鄂温克驯鹿文化博物馆 72
28 额尔古纳市恩和俄罗斯族民俗馆 74
29 陈巴尔虎旗民族博物馆 77
30 诺门罕战争陈列馆 80
31 扎兰屯南木博物馆 83
32 哈克遗址博物馆 88
33 扎赉诺尔矿山博物馆 91
34 牙克石中东铁路蒸汽时代博物馆 94
35 根河市博物馆 104
36 新巴尔虎左旗博物馆 108
37 三河马科技博物馆 113
38 满洲里红色展厅 117

呼伦贝尔文化丛书博物馆篇

呼伦贝尔民族博物院简介

呼伦贝尔民族博物院是呼伦贝尔市唯一一座综合性博物馆，为自治区重点特色博物馆之一。呼伦贝尔民族博物院同时挂呼伦贝尔市文物管理委员会办公室牌子。

博物院现有职工60人，其中高级职称4人、中级职称17人；内设办公室、历史部、民族部、信息中心、保管部、保卫部、展览办、宣教部、文物商店九个部室。

呼伦贝尔民族博物院在承担着呼伦贝尔市境内历史民族文物征集、整理与研究的同时，还负责呼伦贝尔市境内文物考古调查、田野普查、文物鉴定、大遗址保护、基建考古、相关法律法规宣传、各级重点文物保护单位"四有"档案的建立、全市文物藏品数据库的建设及对全市的业务人员培训工作、全市博物馆建设等工作，是集管理、研究、保护为一体的事业单位。现有馆藏文物万余件。

博物院展馆建筑为仿古庭院式建筑。占地面积15600平方米，现有展厅面积4500余平方米。分为三个主题：1、《散落在草原上的珍珠——蒙古族文物精品展》，精美的蒙古文物再现了蒙古民族的聪明智慧。2、《中国北方古代民族摇篮》用六个单元分别展示了东胡、鲜卑、室韦、契丹等北方森林狩猎和草原游牧民族在呼伦贝尔草原成长壮大的历史过程。3、《北方狩猎游牧民族家园》通过《狩猎兴安岭》、《游牧大草原》、《宗教自然》三个单元用多彩的民族、民俗文物再现了已经逝去的早期北方民族的森林和草原生活。

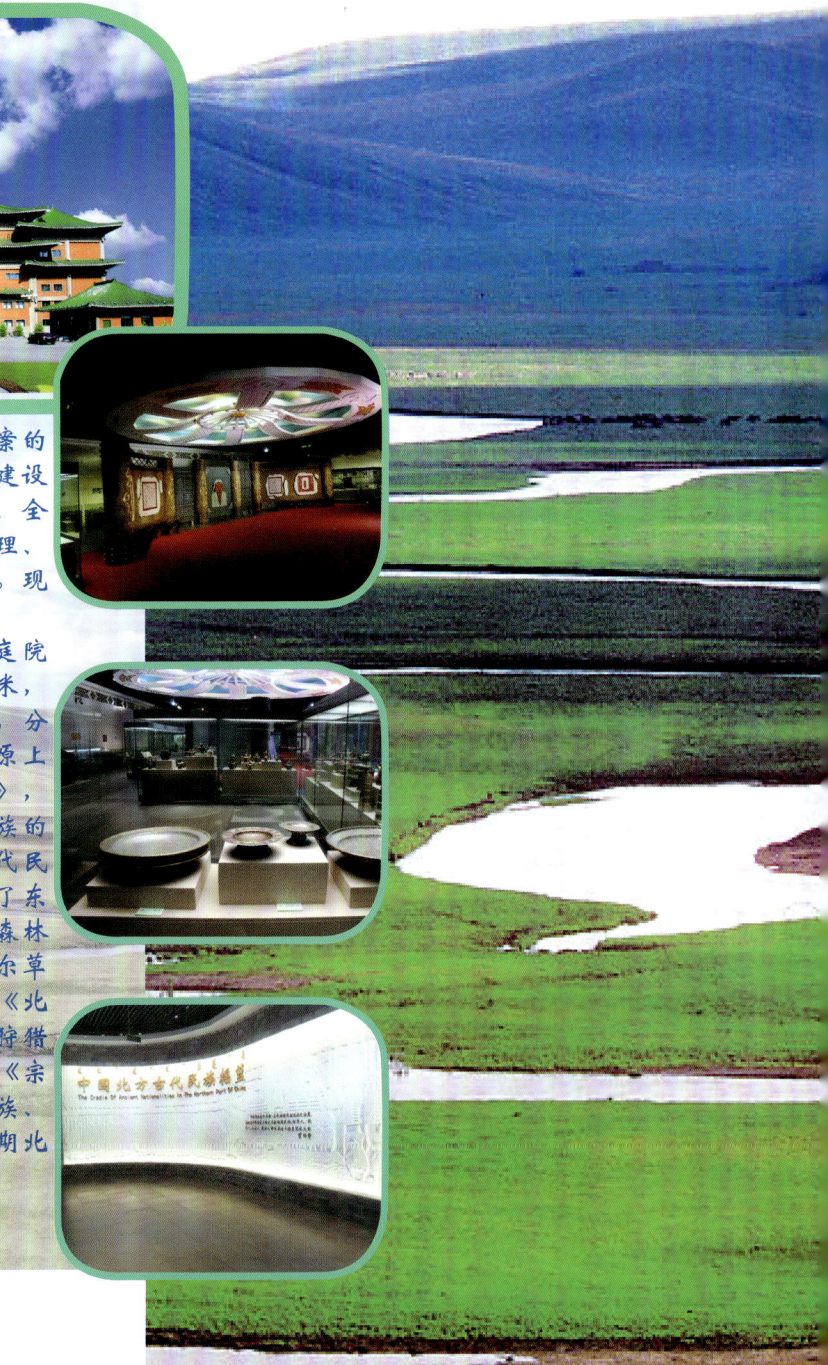

呼伦贝尔文化丛书博物馆篇

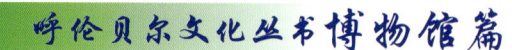

一楼展厅：《洒落在草原上的珍珠——蒙古族文物精品展》

展览用经济生产、生活器具、宗教信仰、文化艺术四个单元展示了蒙古民族勤劳、智慧、勇敢，在历史长河的发展中创造出的独树一帜的草原游牧文化。千百年来，蒙古民族把价值观念和审美观念融入到日常生活中，雕花的马鞍、金灿灿的佛像、奇丽斑斓的服饰、精美的蒙古刀，仿佛像一曲曲草原牧歌，从远方传来，在历史的长河中久久回荡。

一楼展厅内景

一楼展厅内景

5

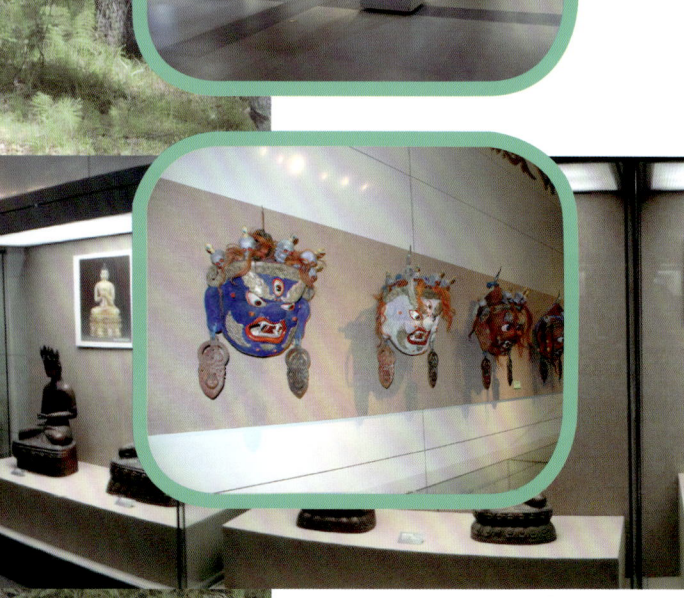

呼伦贝尔文化丛书 博物馆篇

7

中国北方古代民族摇篮

The Cradle Of Ancient Nationalities In The Northern Part Of China

呼伦贝尔这个草原一直是游牧民族的历史摇篮，出现在中国历史上的大多数游牧民族：鲜卑人、契丹人、女真人、蒙古人都是在这个摇篮里长大的。

——翦伯赞

二楼展厅：《中国北方游牧民族摇篮》

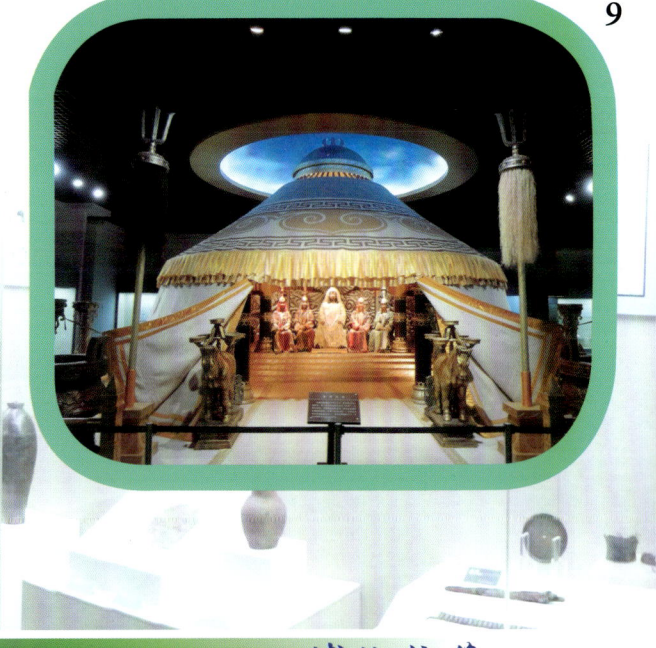

展览用史前文化、光宅中原、蒙兀室韦、辽金经略、蒙元国基、共建家园展示了呼伦贝尔自古以来就是中国北方少数民族栖居繁衍的舞台，这里的古代文明，从其发端便是以狩猎、游牧经济形态萌生和发展的，又因其哺育、壮大了众多的北方民族而著称于世，这里是北方民族的历史摇篮。东胡、鲜卑、室韦、契丹、女真、蒙古等民族正是在这个摇篮里长大并度过他们的青春时代，这些民族如浪潮般一次次兴起，以其金戈铁马、明月天涯的豪迈气概和气吞万里的勇猛精神，跨越大漠，入主中原，给中华民族的形成带来了新鲜活力和蓬勃生机，为我国统一多民族的国家的形成和发展做出了卓越的贡献。

呼伦贝尔文化丛书博物馆篇

呼伦贝尔文化丛书博物馆篇

三楼展厅：《北方狩猎与游牧民族家园》

展览用狩猎兴安岭、游牧大草原、宗教崇自然三个单元展示了森林，是人类的母亲；草原，是人类狩猎经济步入游牧经济历史进程的摇篮；森林和草原，是万物生长永恒的天地，是人类永远的故乡，自古以来生活在大兴安岭和呼伦贝尔草原上的猎人和牧民，创造的森林狩猎和草原游牧文化，是人类早期文化的遗存。

北方狩猎游牧民族家园

The Homeland Of North Hunting Nomads

呼伦贝尔文化丛书 博物馆篇

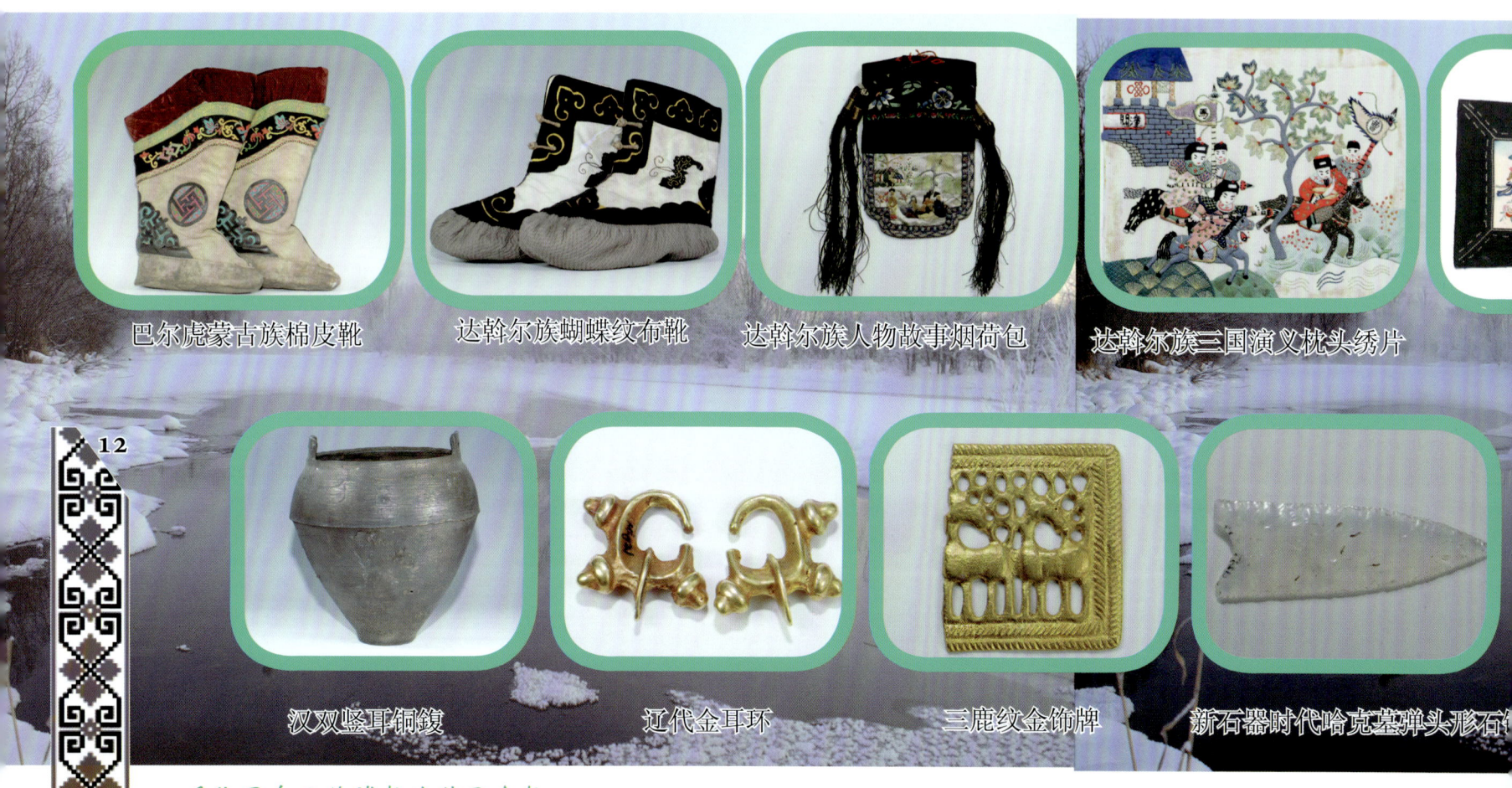

| 巴尔虎蒙古族棉皮靴 | 达斡尔族蝴蝶纹布靴 | 达斡尔族人物故事烟荷包 | 达斡尔族三国演义枕头绣片 |

| 汉双竖耳铜鍑 | 辽代金耳环 | 三鹿纹金饰牌 | 新石器时代哈克墓弹头形石镞 |

呼伦贝尔民族博物院精品文物

达斡尔族枕头顶　　蝴蝶纹拼图皮包　鄂温克族墨绘双鱼纹桦树皮盒　　元钦察亲军千户所印　　汉双横耳陶尊

石器时代哈克墓玉锛　　新石器时代石矛　　　新石器时代石刃　　　　玉面饰　　　　　　玉璧

呼伦贝尔文化丛书博物馆篇

14

鄂温克博物馆

鄂温克博物馆

位于内蒙古自治区呼伦贝尔市鄂温克族自治旗巴彦托海镇索伦大街北段，为平顶式现代建筑，占地面积一万平方米，馆舍面积4400平方米。

鄂温克博物馆是股级事业单位，隶属于鄂温克族自治旗文化体育广播电视局。于1998年8月1日建成并对外开放。前身为成立于1990年的鄂温克旗文物管理所。馆内设展览组、保管保卫组、后勤组三个组。

展厅面积2200平方米，共有大小七个展厅，分别是历史厅、民俗厅、自然厅、成就厅、起源厅、遗址景观厅及多功能展厅。基本展陈内容为鄂温克民族历史与风情陈列。

历史厅为族史陈列，分两部分，第一部分展示距今约三千年到四百年前从西周肃慎到明代女真时期鄂温克族历史；第二部分展示距今约三百多年到六十年前从清代到民国及日伪时期鄂温克族的历史。

民俗厅主要表现鄂温克人从清代到民国年间的民族风貌，反映鄂温克作为森林民族独特的民族风情。分成三部分：

呼伦贝尔文化丛书博物馆篇

呼伦贝尔文化丛书 博物馆篇

鄂温克博物馆文物

第一部分展示狩猎鄂温克人的民族风貌。分节陈列狩猎生产、游猎生活、风俗礼仪、文化艺术、体育娱乐、宗教信仰等各方面的场景与文物。

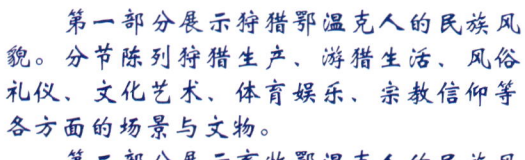

第二部分展示畜牧鄂温克人的民族风貌,分节陈列游牧生活、风俗礼仪、文化艺术、体育娱乐、宗教信仰等各方面的场景与文物。

第三部分展示农耕鄂温克人的民族风貌,分节陈列农耕生产、田园生活、风俗礼仪、文化艺术、体育娱乐、宗教信仰等各方面的场景与文物。

自然厅主要展示自治旗境内的森林、湿地、草原等自然景观及动植物标本、矿产标本。

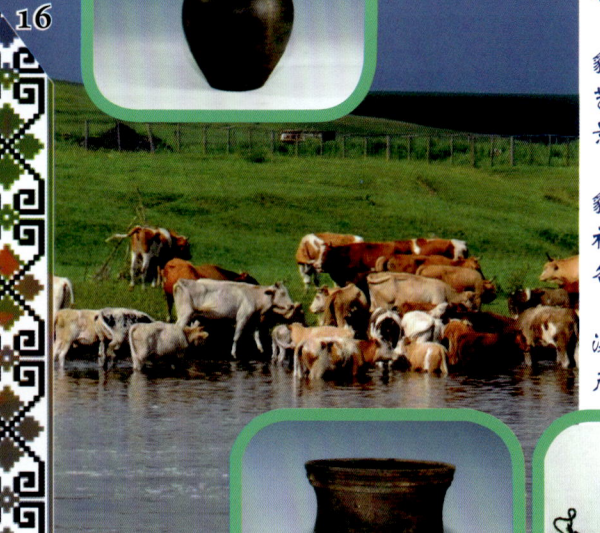

成就厅通过图片及题板展示自治旗成立五十年以来所取得的成就。

起源厅是一个过渡小厅,环圆形墙上将传说中的鄂温克民族起源用油画的形式表现出来,地中设景观反映原始鄂温克人的生活场景。

遗址景观厅,将旗内四处遗址通过沙盘的形式复原出来。即辉河新石器遗址、巴彦乌拉元代古城遗址、清代藏传佛教寺院呼和庙遗址、日军侵华战争毒气试验站遗址。

多功能展厅为临时举办各种展览之用。

现有馆藏文物910件。

布利亚特博物馆

位于内蒙古自治区呼伦贝尔市鄂温克族自治旗锡尼河东苏木，由苏木工作人员兼职管理。2003年10月建成并对外开放。展厅面积300平方米，馆藏文物430件，展出430件，展陈内容为布利亚特蒙古族的历史、文化、宗教、生产生活方式及在地区建设中做出突出贡献的知名人士和反映上级领导关心支持锡尼河地区发展的历史资料。

敖鲁古雅博物馆

布利亚特博物馆文物照片

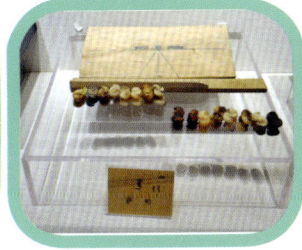

呼伦贝尔文化丛书 博物馆篇

呼伦贝尔文化丛书 博物馆篇

巴彦塔拉达斡尔民俗博物馆

　　位于内蒙古自治区呼伦贝尔市鄂温克族自治旗巴彦塔拉达斡尔民族乡，隶属于巴彦塔拉乡政府，由乡文化站进行管理。2004年8月建成对外开放，展厅面积240平方米，馆藏文物240件，展出240件。展陈内容为达斡尔民族历史、文化、生产生活方式、宗教信仰及巴彦塔拉达斡尔民族乡建乡二十年所取得的成就。

巴彦塔拉达斡尔民俗博物馆

呼伦贝尔文化丛书博物馆篇

呼伦贝尔文化丛书 博物馆篇

巴彦塔拉达斡尔民俗博物馆文物

巴彦嵯岗名人陈列馆

位于内蒙古自治区呼伦贝尔市鄂温克族自治旗巴彦嵯岗苏木，隶属于巴彦嵯岗苏木政府，由苏木文化站进行管理，2005年7月建成并对外开放，展厅面积150平方米。展陈内容为纪念巴彦嵯岗三百年历史上涌现出的杰出人物，共展出历史人物20位；文化艺术界人物14位；科学教育界30位；优秀干部12位及历届苏木领导14位。展览以图片、图表为主。

呼伦贝尔文化丛书博物馆篇

呼伦贝尔文化丛书博物馆篇

巴彦托海镇历史、民俗陈列馆

位于内蒙古自治区呼伦贝尔市鄂温克族自治旗巴彦托海镇索伦大街北段，隶属于巴彦托海镇政府，由镇政府文化体育广播电视服务中心进行管理。2008年7月建成并对外开放，展厅面积200平方米，馆藏文物300件，展出300件。展陈内容为巴彦托海镇的由来及历史变迁和当地独具特色的达斡尔民族民风民俗。

25

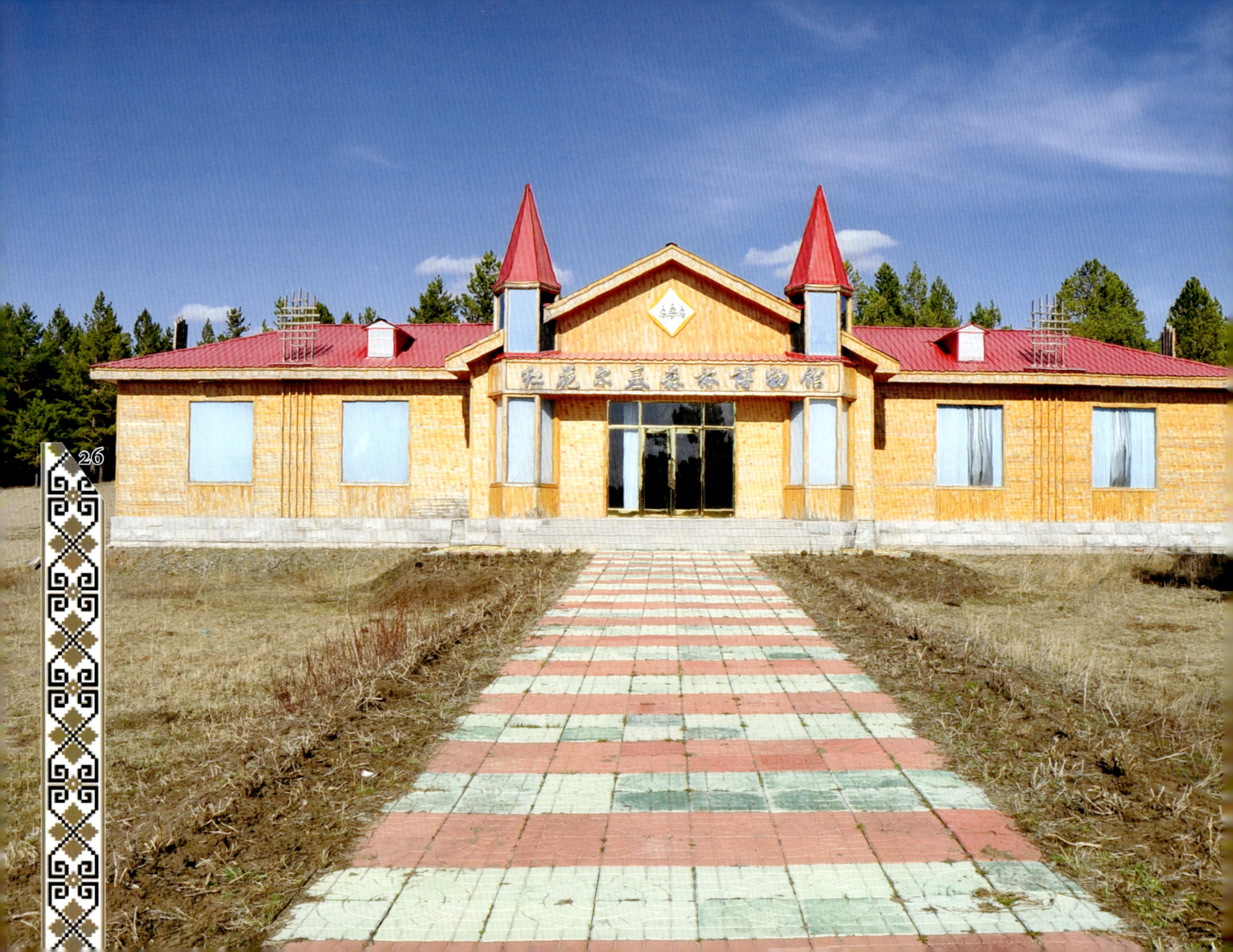
红花尔基森林博物馆

红花尔基森林博物馆

位于内蒙古自治区呼伦贝尔市鄂温克族自治旗红花尔基林业局，隶属于内蒙古红花尔基樟子松林国家级自然保护区管理局。于2005年8月建成并对外开放。

博物馆总面积500平方米。其中主展区300平方米，分四个展厅，前厅展示樟子松林的起源和发展过程。北厅是植物展厅。共设九个展台，分别是土壤展台、地质矿藏展台、森林类型及树种构造展台、鱼类展台、两栖类及爬行类展台、植物种类展台、昆虫种类展台、森林大型真菌展台。东厅是野生动物展厅，展示施业区内野生动物标本。南厅是综合厅，这里陈列了上世纪60—80年代，林业工人在生产、生活和文化宣传及防火通讯等方面使用的各种工具。另外，保护区管理局楼下有一座建筑面积200平方米的多媒体厅，该厅主要是以展示林业局施业区内沙地樟子松林生物多样性为主，图文并茂，形式多样，对本地域内主要物种进行了介绍。

呼伦贝尔文化丛书博物馆篇

红花尔基森林博物馆文物照片

莫力达瓦达斡尔族自治旗达斡尔民族博物馆

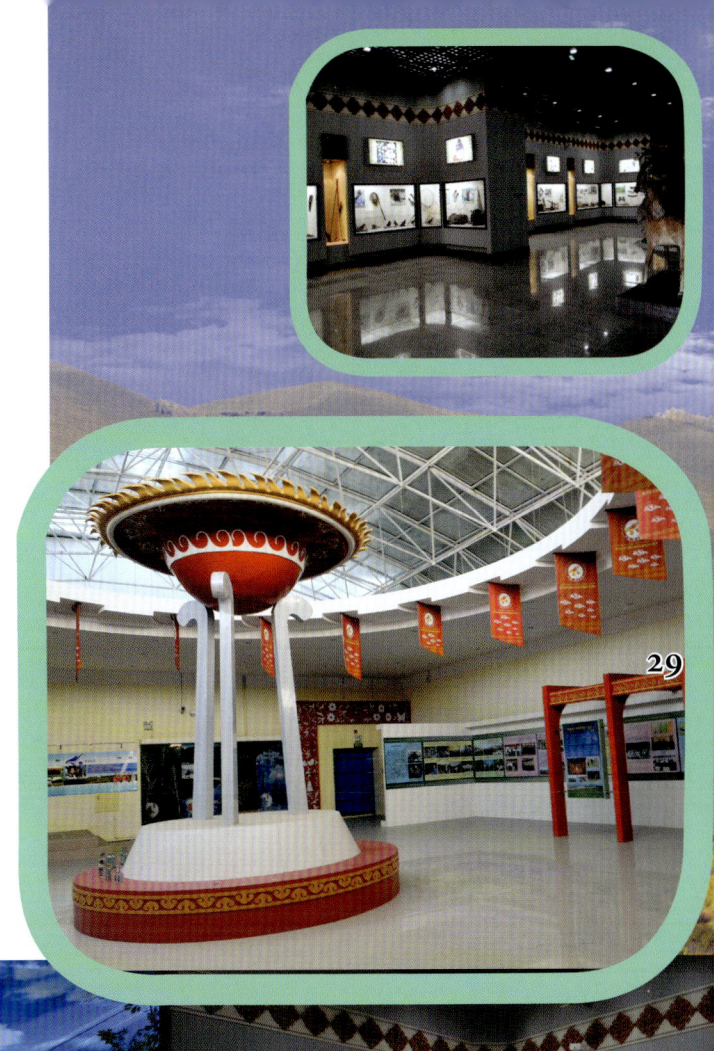

达斡尔民族博物馆坐落于莫力达瓦达斡尔族自治旗尼尔基镇，是一座多面展示达斡尔民族历史、民族文化、民俗风情和达斡尔族发展成就的专题型博物馆。馆内藏品主要以反映达斡尔民族生产、生活、文化艺术及发展历史过程的珍贵民族文物为主。达斡尔民族博物馆为保留达斡尔族民族传统文化，让世人了解拥有十三万人口的古老民族的发展历程，对北方狩猎、游牧、农耕民族的研究方面起到了重要作用。同时也是爱国主义、民族传统和革命传统教育的阵地。是对文物、标本进行收集、保藏、研究、陈列、传播文化科学信息，为社会服务的文化教育机构。

达斡尔民族博物馆展厅分为历史厅、民俗厅、文化厅、成就厅、二、三楼环形展厅共六个展厅。

达斡尔民族博物馆，基本陈列为达斡尔民族历史、民俗、文化、成就及两个临时环形厅。前序以仿竹简板面简要叙述达斡尔族与莫力达瓦达斡尔自治族旗的概况及民族分布情况，族史陈列由两个展厅组成，历史展厅以民族历史、悠远壮阔为题；民俗展厅以民族风情、绚丽多彩为题。两个展厅以大量的实物、标本及图片完整展示了达斡尔民族的历史与风俗；文化展厅主要以图片和实物的形式展示了莫力达瓦旗两朵花——曲棍球和乌兰牧骑，达斡尔族的非物资文化遗产以及在文化、艺术、体育等方面做出杰出贡献的达斡尔族人士；成就展厅以图片的形式展示达斡尔族自治旗五十年来在政治、经济、文化等行业取得的成就；两个环形展厅主要用于摄影、美术、书法、手工艺等重要活动时举办的临时性展览。

现博物馆内藏品数量为1500件。

红花尔基森林博物馆文物照片

达斡尔车

萨满文化博物馆

　　莫力达瓦达斡尔族自治旗萨满文化博物馆于2005年8月正式开工建设,至2006年10月完工,总投资1200万元。全馆总高26.5米,共包括两部分:上半部分是高21米的萨满铜像,总重量为30吨,铜像以"从远古走来"为主题语言,展现了萨满文化的博大精深;下半部分是建筑面积为740平方米的展厅,展厅外围采用中国古典式建筑葫芦柱式风格,增加了萨满文化博物馆的神韵和宏大的气魄。全馆共分六个单元进行展示,展品包括达斡尔、鄂温克、鄂伦春、蒙古、满、朝鲜、锡伯、赫哲等八个民族的萨满服饰、萨满神偶、神鼓、图片及文字资料共计300余件。萨满文化博物馆通过对北方少数民族原生态信仰文化的展示,向人们述说着人类远古的文明。

33

呼伦贝尔文化丛书博物馆篇

鄂伦春旗博物馆

鄂伦春民族博物馆位于内蒙古自治区呼伦贝尔市鄂伦春自治旗阿里河镇中心地带，为当地旅游观光的重要景点，是教育、娱乐、休闲的文化活动中心。

鄂伦春博物馆隶属于鄂伦春自治旗文化体育广播电视局。

始建于1991年，当时是三馆合一的建筑，即在一个建筑内包括了博物馆、图书馆、档案馆三个单位，故称"三馆"。博物馆初建时还不完善，只有一个400平方米的《鄂伦春狩猎文化》展厅。2001年建旗50周年之际进行扩建，博物馆进行了全面改造，博物馆四周是"双拥广场"，广场占地面积21000平方米，"升华—仙人柱"雕塑屹立在博物馆后面的广场上，是鄂伦春民族文化的象征。高大的鄂伦春猎人骑马出猎的巨大雕塑耸立在博物馆门前的广场上，气势宏伟，代表了鄂伦春民族高大形象。博物馆坐落在广场中央，建筑面职为3200平方米。博物馆展览由兴安猎神、兴安之韵、马背天骄、鄂伦春50年成就、综合艺术展五个部分组成。成为了一座综合性地方博物馆。

鄂伦春博物馆1995年被呼伦贝尔盟评为"精神文明单位";1996年被共青团内蒙古自治区委员会授予"青少年爱国主义教育基地"称号;1996年荣获国家文物局授予的"全国文物系统优秀爱国主义教育基地"称号;2002年荣获国家人事部、国家文物局授予的"全国文物系统先进集体"称号;2002年被国家旅游局评定为"AA"级景区;2003年荣获"全国十大陈列精品"提名奖;2004年评定为自治区级"环境教育"基地;2004年被评定为自治区级"环境教育"基地。现有馆藏文物:1244件(套)

扎兰屯市博物馆

位于扎兰屯市吊桥路8-1号，行政隶属于扎兰屯市文化体育广播电视局，成立时间为2006年9月2日，馆藏文物数为1000件，展厅面积为680平方米。与扎兰屯市文物管理所为一个机构两个牌子。

共有三个展厅：历史厅、民族厅、成就厅。

历史厅：共五个单元

第一单元 史前文明

追溯三万年前古生物猛犸象生存环境，新石器时期的体现特征，介绍我市发现的文物遗址，陈列猛犸象化石及新石器时期的文物。

第二单元 早期民族

介绍扎兰屯见于史册最早的民族为西周时期的濊貊；关于濊貊的记载当属西周时期，其居地当为今天的东北中南部，即北至嫩江流域，西至松辽分水岭，东至松花江，南与汉地相接，今之扎兰屯当属这一地域；到了两汉时期，生活在这里的应为从濊貊族析离出来的夫余；至魏晋南北朝隋唐时期，这里应为室韦、豆莫娄等民族居住地，隋朝时生活着南室韦，唐时，绰尔河流域生活着塞曷支部，雅鲁河流域生活着和解部，阿伦河流域生活着乌罗护部。

第三单元 辽代

辽国是由契丹民族建立的政权，与中原的北宋并存，辽代统一了我国北部边疆地区各族并实现了对这一地区直接管辖，实现了我国北部边疆地区的第一次统一，这是辽王朝对祖国统一多民族国家的形成而作出的非凡业绩。扎兰屯地区自辽代起进入了有行政辖区的新的历史时期，当时这里行政上属辽上京道管辖。

第四单元 金代

"金"是女真人建立的政权。这个时期扎兰屯地区的民族分布基本与辽时期相同，其建制实行多元化管理。扎兰屯地区金代文物出土十分丰富，是历朝历代之最，说明金时期扎兰屯地区已被开发，并逐步走向繁盛。最值得骄傲的文物遗迹即为金界壕。

第五单元 元明清时期

蒙古汗国早期，扎兰屯地区仍由金代统治，1206年蒙古汗国建立，成吉思汗分封，把大兴安岭以东哈拉哈河以北分封给了幼弟斡赤斤。到了乃颜时期，统治中心迁到了嫩江以东，元世祖即位后，设立了辽阳行省泰宁路，扎兰屯地区在管辖之内。

康熙二十二年(1683年)，扎兰屯地区应为黑龙江将军下设的齐齐哈尔城副都统和布特哈副都统双重管辖，顺治年间，清政府把达斡尔族编为三个扎兰，扎兰屯境内主要居住着鄂温克族，康熙三十年(1691年)，在此基础上组建了布特哈八旗雅鲁河流域的鄂温克人被编入正蓝旗和镶红旗，衙门合设在扎兰屯，也称"扎兰衙门"，派"扎兰章京"坐镇，掌管两旗事物。

民族服饰厅陈列内容

主要介绍了扎兰屯市人口及民族数量、各民族分布，同时展示了三个少数民族：达斡尔、鄂伦春、鄂温克的民族服饰，以及内蒙古的主体民族蒙古族的民族服饰、朝鲜族的民族服饰。

成就展厅陈列内容

介绍了扎兰屯市改革开放以来各个领域、行业所发生的变化、方兴未艾的发展，并在每部分附有图文解释。

扎兰屯市中东铁路博物馆

位于扎兰屯市站前街，行政隶属于扎兰屯市文化体育广播电视局，成立时间为2009年1月6日，馆藏文物数为1000件，展厅面积：800平方米。

展览分为三个部分：

第一部分 东省铁路时期（1896——1905）

1891年，沙俄修建西伯利亚大铁路，当铁路西线修到上屋丁斯克（今乌兰乌德，东线修到乌苏里斯克时）需要穿越中国的满洲里（今东北地区）为主线。

第二部分 南满铁路和中东铁路时期（1905——1935）

日俄战争给中国人民带来一场极大的灾难。战争结束后，由美国出面调解签订了《朴茨茅斯合约》。在未经中国政府的同意下，东省铁路被日俄分割为二，形成南北分割的新格局。长春以南段改称"南满铁路"；长春以北段又称"北满铁路"，即"中东铁路"为主线。

展厅内景

展厅全景

中东铁路时期铁轨

第三部分 伪满铁路时期
(1935——1945)

1935年,前苏联政府单方面决定将中东铁路转卖给日本和伪满政府。为此,中东铁路进入伪满铁路时期。

日本操纵着伪满政府,利用铁路为其侵略工具,对东北地区进行残暴的统治和疯狂的掠夺,东北地区广大人民在中国共产党的领导下,同日本侵略者进行了英勇顽强的抗日战争,谱写了可歌可泣的民族革命斗争篇章。

第四部分 中长铁路时期
(1945——1952)

根据雅尔塔会议决定,前苏联政府接管了南满和北满(中东铁路),并将其定名为"中国长春铁路",同时苏联政府重申:"中长铁路应为中苏共同所有,共同经营,在中国主权下为纯粹商业性之运输事业。"

40

扎兰屯市朝鲜民族博物馆

博物馆位于扎兰屯市成吉思汗镇红光朝鲜族村，馆舍面积200平方米，展出文物150件，于2007年8月正式对外开放。

以成吉思汗镇朝鲜族的来源为主，介绍朝鲜族的历史，展示生活在这里的朝鲜族的服饰、生产、生活用品、婚嫁习俗等。

石臼，臼杆

盛饭铜盆

王杰纪念馆

　　王杰纪念馆于2004年8月投入使用，它位于阿荣旗那吉镇振兴路西段南侧，王杰广场对面，占地面积6000平方米，投资330万元，建筑面积1965平方米，寓意为王杰烈士1965年牺牲，门前台阶23级，寓意为王杰烈士短暂而光辉的一生。建筑为纪念馆、博物馆、档案馆三馆合一，建筑特色是纪念馆顶部为玻璃采光顶。这是一座以纪念为主体的大型标志性展览馆，前自治区副主席，现自治区关工委副主任阿拉坦敖其尔为纪念馆题写了馆名。落成以来充分发挥了爱国主义教育功能，成为开展爱国主义教育的一处重要场所。

　　王杰烈士事迹陈列展厅面积220平方米，于2005年6月1日布展完成正式向全社会开放。根据王杰烈士生平，展览分为四个部分：崇高的情怀、闪光的足迹、英雄的启迪、时代的回声，共收集图片169张，实物100多件，主要有图片资料、王杰的遗物、宣传王杰事迹的报刊、杂志、各级领导人的题词、以及阿荣旗各族人民学习王杰烈士的各类资料等。2005年，王杰纪念馆被内蒙古自治区确定为区级爱国主义教育基地。

　　现馆藏文物有169件。

呼伦贝尔东北抗联纪念馆

呼伦贝尔东北抗联纪念馆位于内蒙古自治区呼伦贝尔市阿荣旗那吉镇东山抗联英雄园内，2008年6月开工建设，2009年9月2日正式开馆，其建筑占地面积2500平方米，外观高度16米，建筑主题颜色为橙红色。室内展厅面积2000平方米，高7米。纪念馆门前的14级台阶象征中国人民14年艰苦的抗战历程。建筑正门两侧墙体由两幅大型浮雕组成，恢弘大气，极力彰显了东北抗联将士的英雄气概。

整个展览按照史实的发展共分为五个部分。

序厅。地面正中为一下沉式立体地图，即抗联指战员三进呼伦贝尔路线图，其三色灯光动画分别演示三次进军呼伦贝尔的路线，生动直观。参观者可站到透明玻璃上俯瞰呼伦贝尔大地，体验战者雄风。

展览第一部分《蓄谋已久 疯狂侵略》，交代了"九一八"事变前后的历史背景，讲述了日军残暴的侵略史实及日军在呼伦贝尔地区的驻军情况。

呼伦贝尔文化丛书 博物馆篇

第二部分《东北抗联 民族脊梁》讲述了东北抗日联军的形成过程和战斗情况，特别是主要记述了东北抗联三进呼伦贝尔的详细史实。其中很多图片都是在本地搜集的、全国稀有、十分难得的第一手资料，展览内容更加具体，更加贴近群众生活。

第三部分《坚持抗战 争取胜利》讲述了1940年后，东北抗日联军坚持抗战的艰辛过程，展现广大东北抗日将士不怕牺牲、英勇献身的英雄气概。用大幅画面记述了日本帝国主义投降的经过，使参观者身临其境，感受抗战胜利的激动心情。

第四部分《名昭日月 千古流芳》深切悼念为抗战牺牲的英雄们，半圆形的展厅墙上挂满杨靖宇、赵尚志、冯治纲、高禹民等英雄们的头像，庄严肃穆，正气浩然。

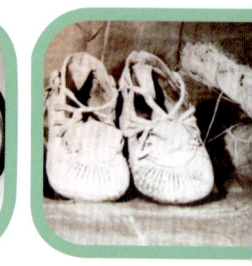

第五部分《让历史告诉未来》第一单元主要由石碑林组成，石碑上镌刻有国家领导人对东北抗联的题词，毛泽东、周恩来、邓小平、胡锦涛等等，都对东北抗联给予了颇高的评价。第二单元为解放后还健在的抗联英雄们的生平简介，他们曾身居要职，并为新中国的建设事业做出了突出的贡献，其中陈雷、王明贵、王均等还曾重访过阿荣旗，韩光曾为阿荣旗抗联英雄园题词。第三单元向观众展示了抗联题材的出版物，都是很难得的史实资料。

尾厅以"和平发展"为主题，石刻2005年版抗日胜利纪念章寓意深刻，发人深省。侧墙的签字布幔设计人性化，观众可将自己的名字签于上面，表示对抗联英雄们的无限崇敬与感激，并承诺要为祖国的和平发展贡献力量。布幔签字使观众更深刻地理解"天下兴亡、匹夫有责"的内涵，增强建设家乡、建设祖国的责任感。

现馆藏文物254件（套）。

判 决 书

阿荣旗法院1955年判处出卖高禹民的叛徒滕方顺的判决书

望 远 镜

抗日战争时期

阿荣旗新发乡朝鲜族博物馆

阿荣旗新发朝鲜民族乡是内蒙古自治区唯一的朝鲜民族乡。朝鲜族具有悠久的历史、灿烂的文化，是能歌善舞、讲文明、敬老爱幼、爱整洁、重视文化教育、酷爱运动的民族，更是一个极具生活个性的民族。但是随着社会的发展和时代的变迁，新发朝鲜族乡的大部分朝鲜族人民为了增加收入，劳务输出或出国打工，部分朝鲜族人民都改为汉族，朝鲜族学校的学生日益减少，一些朝鲜族后代甚至不会使用母语，传统的朝鲜族文化面临着危机。因此，传承和发扬朝鲜族民俗特色文化是非常必要的。建立民俗馆将成为向世人更好地展现朝鲜族极具民族特色的平台。

东光村是我旗社会主义新农村建设和自治区北疆文明大通道创建的试点村，也是弘扬朝鲜族传统文化的旅游基地，新发朝鲜族乡民俗馆设在东光村，目前是全区唯一的朝鲜族实物展厅，建筑面积150平方米，室内陈列着朝鲜族人民生活用品、生产工具、民族服饰等136件，另外有新发朝鲜族的历史迁移图和反映新发朝鲜族乡人民生产生活情景的连环画等。展厅共由生产工具类、饮食炊具类、起居用品类、民族服饰类、文化体育类等五个部分组成，全面系统地展示了新发朝鲜民族乡的衣食起居、风情礼仪、歌舞乐器等。这些鲜活的实物深刻地印证了新发朝鲜族和各族人民共建美好家园的足迹，同时也体现了新发朝鲜族乡各族人民奋发努力、自强不息、勤劳勇敢、勇于创新的精神风貌。通过朝鲜族民俗馆，宣传朝鲜族民俗特色，提升东光村文化旅游品位，让更多的人了解有着优良传统美德的朝鲜族，使朝鲜族的风情文化得到发扬和光大。

47

乌尔旗汉自然博物馆

乌尔旗汉为蒙语黎明的意思，隶属内蒙古牙克石市。乌尔旗汉林业局森防站自然博物馆自2007年4月开始扩建、装潢，于2008年10月顺利竣工，总面积达1300多平方米。是东北林区展品齐全、规模大、历史悠久的自然博物馆之一。1996年，原内蒙古自治区主席乌力吉来馆参观，感触颇深，并亲笔题词命名为——乌尔旗汉自然博物馆。

乌尔旗汉自然博物馆是一座集标本收藏、科普教育、科学研究、观赏娱乐、爱国主义教育为一体的专题性自然博物馆，为人们了解大兴安岭打开一个窗口，架起一座人类与自然沟通的桥梁。让我们一起保护大自然，保护我们赖以生存的家园！

49

呼伦贝尔文化丛书博物馆篇

呼伦贝尔文化丛书博物馆篇

51

博物馆篇

巴尔虎博物馆

新巴尔虎右旗博物馆建于2004年，是为纪念新巴尔虎蒙古族屯牧戍边定居呼伦贝尔270周年而建。该馆位于新巴尔虎右旗阿拉坦额莫勒镇乌尔逊大街北侧，旗党政办公大楼西侧。这座具有时代意义的展馆——"巴尔虎博物馆"六个刚柔并济的大字，是由原任新巴尔虎右旗阿镇党委书记、现任全国政协副主席、中国社会科学院院长陈奎元同志亲笔提写的。该馆占地面积1700平方米，建筑面积3395平方米，总投资600万元。新巴尔虎右旗建成全国唯一巴尔虎主题博物馆。巴尔虎是蒙古部落中最古老的一支，早在公元前3世纪就归属史称"丁零"的部落联合体，千百年的历史更迭中，众多北方游牧民族从这里走上了世界历史舞台。其间经历了无数次国家的兴亡，民族的消失，唯有巴尔虎人始终辗转生活在呼伦贝尔地区。巴尔虎已成为呼伦贝尔的主要居民，可以说巴尔虎民俗文化是呼伦贝尔蒙古族文化的浓缩。建成的新巴尔虎右旗的巴尔虎博物馆以其独特性、先进性、典雅性将成为呼伦贝尔蒙古族文化基地和自治区文化著名品牌。巴尔虎博物馆2004年8月18日成立竣工并正式对外开放。集中展示了巴尔虎民族的生活习俗，历史文化。为大众提供了了解巴尔虎蒙古族的生动而详实的资料。

馆藏文物数量：700件。

53

呼伦贝尔文化丛书博物馆篇

呼伦贝尔文化丛书博物馆篇

55

思歌腾博物馆

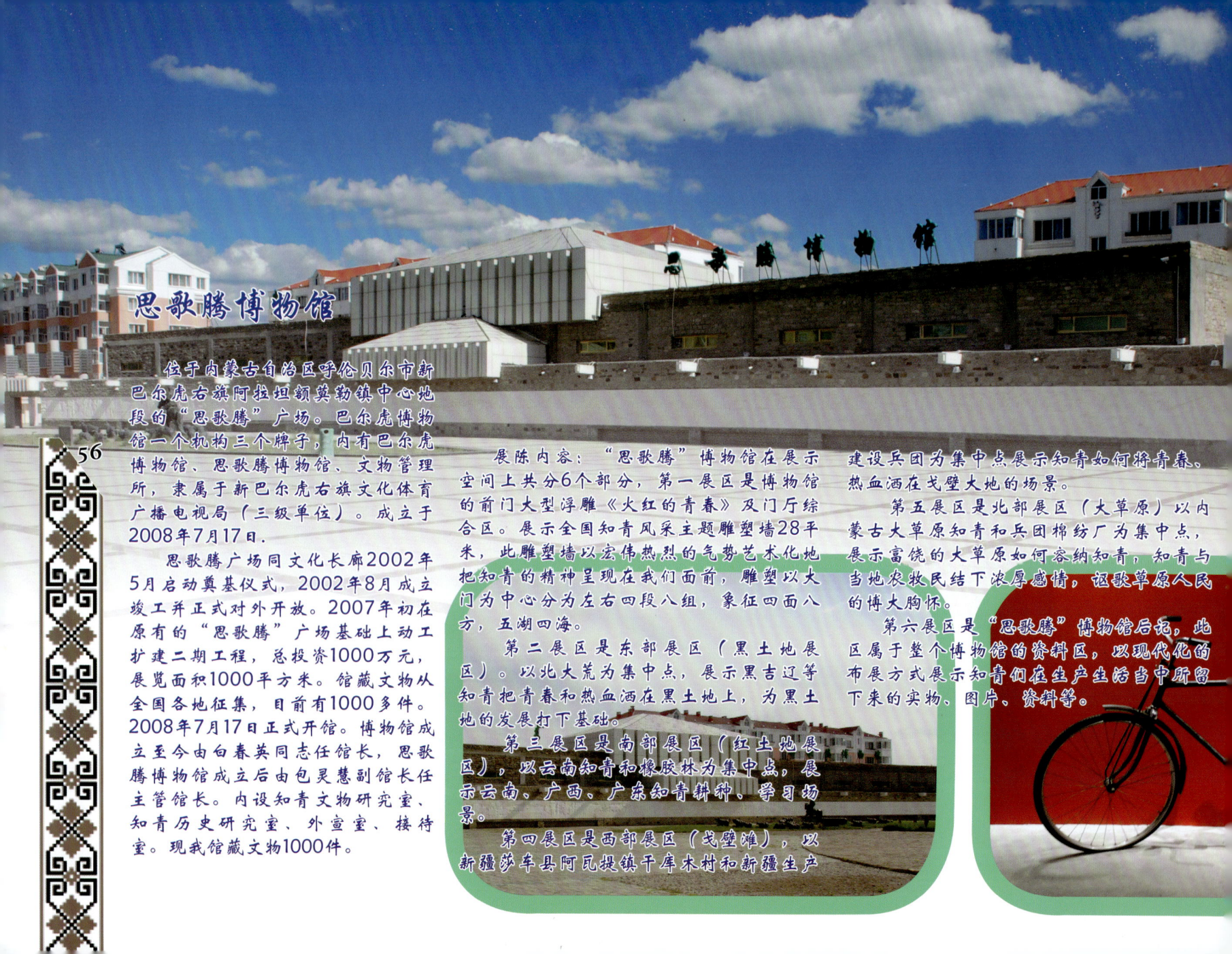

位于内蒙古自治区呼伦贝尔市新巴尔虎右旗阿拉坦额莫勒镇中心地段的"思歌腾"广场。巴尔虎博物馆一个机构三个牌子，内有巴尔虎博物馆、思歌腾博物馆、文物管理所，隶属于新巴尔虎右旗文化体育广播电视局（三级单位）。成立于2008年7月17日。

思歌腾广场同文化长廊2002年5月启动奠基仪式，2002年8月成立竣工并正式对外开放。2007年初在原有的"思歌腾"广场基础上动工扩建二期工程，总投资1000万元，展览面积1000平方米。馆藏文物从全国各地征集，目前有1000多件。2008年7月17日正式开馆。博物馆成立至今由白春英同志任馆长，思歌腾博物馆成立后由包灵慧副馆长任主管馆长。内设知青文物研究室、知青历史研究室、外宣室、接待室。现我馆藏文物1000件。

展陈内容："思歌腾"博物馆在展示空间上共分6个部分，第一展区是博物馆的前门大型浮雕《火红的青春》及门厅综合区。展示全国知青风采主题雕塑墙28平米，此雕塑墙以宏伟热烈的气势艺术化地把知青的精神呈现在我们面前，雕塑以大门为中心分为左右四段八组，象征四面八方，五湖四海。

第二展区是东部展区（黑土地展区）。以北大荒为集中点，展示黑吉辽等知青把青春和热血洒在黑土地上，为黑土地的发展打下基础。

第三展区是南部展区（红土地展区），以云南知青和橡胶林为集中点，展示云南、广西、广东知青耕种、学习场景。

第四展区是西部展区（戈壁滩），以新疆莎车县阿瓦提镇干库木村和新疆生产建设兵团为集中点展示知青如何将青春、热血洒在戈壁大地的场景。

第五展区是北部展区（大草原）以内蒙古大草原知青和兵团棉纺厂为集中点，展示富饶的大草原如何容纳知青，知青与当地农牧民结下浓厚感情，讴歌草原人民的博大胸怀。

第六展区是"思歌腾"博物馆后记，此区属于整个博物馆的资料区，以现代化的布展方式展示知青们在生产生活当中所留下来的实物、图片、资料等。

腾博物馆精品文物照片

呼伦贝尔文化丛书 博物馆篇

满洲里市博物馆

满洲里市博物馆成立于2002年,是一座综合性的博物馆。位于互贸区套娃广场西侧,为四栋单体木刻楞建筑,总建筑面积约2400平方米,是典型的俄式建筑。展览内容有古代历史陈列厅、现代历史陈列厅、环呼伦湖生态陈列厅和生态海洋生物标本陈列厅。现有馆藏文物10多类、6000余件,包括扎赉诺尔人头盖骨化石、猛犸象化石、鲜卑古墓群出土文物等。时期上起旧石器时代、中及古代、下至近现代。满洲里市博物馆以扎赉诺尔文化为代表,以地方文物为基础,自成体系,别开生面,是一座极富韵味的历史文化宝库。满洲里市博物馆充分发挥学习科学知识和开展爱国主义教育活动的作用,始终把未成年人的教育作为一项经常的基础任务。

历史展厅共展出文物藏品900件。自然生态展厅展出了生活在达赉湖自然保护区及临近地方的动物标本共380类583件。

满洲里市博物馆文物照片

敞口陶罐
汉代

金步摇冠

缝纫机

扎赉诺尔人头骨化石
旧石器时代

紫砂壶
民国

满洲里市沙俄监狱旧址陈列馆简介

满洲里沙俄监狱位于市南区三道街与四道街之间，天桥路西侧，始建于1903年，是中东铁路建设的衍生物。占地面积4000平方米，主体建筑1187平方米，院内东平房178.4平方米，西平房133.1平方米。因楼房及四周3米高的院墙均为石头所砌，又称"石头楼"。满洲里沙俄监狱主楼内分为一楼、二楼、地下室。二楼设有审判厅、候审厅、监狱长办公室和警员宿舍等；一楼东侧为教诲室、洗漱间、厨房，中部是接待室、警卫室、医务室，西侧是牢房；地下室东侧为重犯牢房，中间为刑讯室、刑警部和水牢等。院内西石头平房设有水房、洗浴室、洗衣室；东平房为轻犯牢房。1948年后，改建成铁路小学。2004年，恢复原貌，改为满洲里市沙俄监狱旧址陈列馆。

满洲里市沙俄监狱旧址陈列馆文物照片

扎赉诺尔历史文化陈列馆

　　位于满洲里市扎赉诺尔区校园街1号，行政隶属于扎赉诺尔区文体广电局。2009年1月15日开馆。馆藏文物共70余种，展出展品近400件。展厅布置展板46幅，面积达200多平方米。

　　展品共分扎赉诺尔人时期、拓跋鲜卑时期、辽金时期三个部分：

　　1. 扎赉诺尔人时期的展品有扎赉诺尔人头骨、扎赉诺尔猛犸象腿骨部分化石、扎赉诺尔披毛犀部分化石等；

　　2. 拓跋鲜卑时期的展品有鲜卑古墓出土的三鹿纹金饰牌、双耳铜罐、双耳陶罐、骨器等；

　　3. 辽金时期的展品有北魏时代的佛像、成吉思汗时代的令牌等文物。

扎赉诺尔历史文化陈列馆文物照片

扎赉诺尔鲜卑墓陈列厅

位于满洲里市扎赉诺尔矿区以南7.5公里处的达兰鄂罗木河（圈河）东岸坡地上的"扎赉诺尔鲜卑古墓群"上。1997年7月，满洲里市文化局与满洲里市建材总厂文企联姻，投资10万元建成"扎赉诺尔鲜卑墓陈列厅"。

展览分为三个部分：扎赉诺尔人时期、拓跋鲜卑时期、辽金时期三个部分。

1、从远古文明的曙光说起扎赉诺尔人。沧海桑田、鸿蒙初启，扎赉诺尔哺乳动物群与扎赉诺尔人在同一个时代、同一个地域共同繁衍生息着。麓菇山上的旧石器凸显了大泽的恩育。文明之源的扎赉诺尔人创造了举世瞩目的扎赉诺尔文化。一时间，对扎赉诺尔文化的研究风起云涌，连绵不绝。

2、拓跋鲜卑时期：拓跋鲜卑肇兴之始，走出密林，迁居大泽。离开了嘎仙洞，来到了达兰鄂罗木河，留下了神秘的鲜卑古墓葬。9位少数民族的皇帝在此积蓄力量，历经九难八阻，最终定鼎中原，建立了强大的北魏王朝，造就了繁盛的鲜卑汗国。展现了鲜卑人的文化历史与汉族人的文化历史的割不断的千丝万缕的联系。

3、辽金时期：作为北方游牧少数民族后院的扎赉诺尔，在辽金时代依然继续着它的辉煌。辽代巨姆古城、金界壕……成吉思汗在这片草原称雄，统一蒙古，建立世界为之惊叹的蒙古帝国。明清时期以及近代的扎赉诺尔，更是以它独有的方式，默默的继续着它的文明，永远永远……

整个展览全面的展示扎赉诺尔自旧石器时代至成吉思汗统一蒙古3万年的历史进程。

50厘米

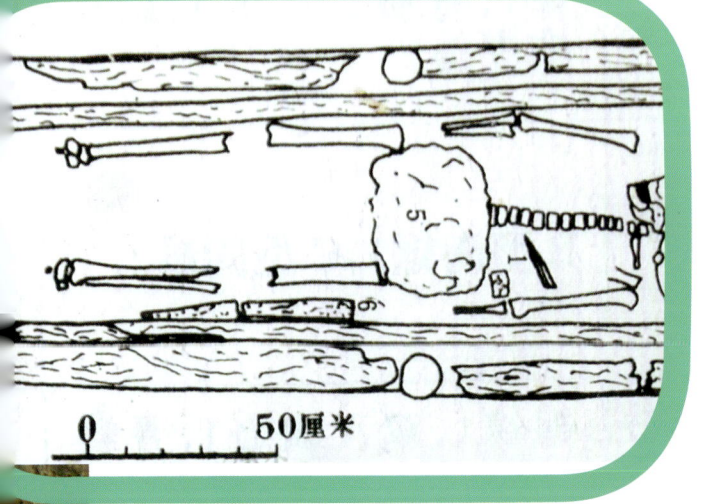

呼伦贝尔文化丛书博物馆篇

呼伦贝尔副都统衙门博物馆

呼伦贝尔副都统衙门博物馆于2009年12月对外开放，总占地面积12000平方米，由10座仿古建筑组成，通过众多历史人物、油画、品官服饰及库存军械，全景的展示了近代呼伦贝尔副都统衙门场景。呼伦贝尔副都统衙门再现了1732～1932年间作为呼伦贝尔地区集军政职能为一体的最高权利机关，历经国际政治风云变幻和兵燹匪患袭扰，领导和指挥呼伦贝尔各族人民为保卫祖国边疆和发展地区经济恢弘篇章，是海拉尔区一个全新的历史文化旅游景区。

馆藏文物数量：565件

67

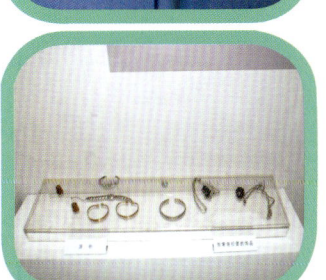

清代八旗铠甲

呼伦贝尔文化丛书 博物馆篇

海拉尔要塞遗址博物馆

　　海拉尔要塞遗址博物馆于2008年4月正式对外开放，建筑面积4320平方米，全馆共分为四个展厅、九个单元，通过各个历史阶段事件和近千件文物以及多媒体技术手段的全景展示，揭示了1931年至1945年间日本侵略者在这里犯下的残暴罪行，抒发了中国人民的爱国主义豪情，弘扬了中俄蒙三国人民英勇抗争、共同反击日本侵略者的国际主义精神，告诫人们永远反对侵略战争捍卫世界和平，珍惜今天幸福生活。博物馆共展出抗战各个时期的文字资料100余万字，珍贵历史照片1000余张，地图30余幅以及大量的战争实物700余件。

69

呼伦贝尔文化丛书博物馆篇

海拉尔农垦发展史展馆

呼伦贝尔文化丛书博物馆篇

海拉尔农垦史展馆

海拉尔农垦史展馆位于内蒙古自治区呼伦贝尔市海拉尔区加格达奇路18号海拉尔农垦集团公司办公楼七楼。隶属海拉尔农垦集团公司办公室,2007年8月5日成立。展出展品140个。展厅面积为400平方米。

海拉尔农垦发展史展馆由资源文化厅、发展历史厅、现代农业厅等三个展厅组成。内容为垦区环境介绍、气候状况、土地资源、草场资源、植物资源、水系资源、矿产资源。发展历史厅分为开发创建时期、十年动乱时期、恢复发展时期、改革发展时期、集团公司发展时期和领导关怀。现代农业厅分为第一部分:现代企业制度是实现现代农业的根本保障;第二部分:优化的产业结构是构成现代农业的深刻内涵;第三部分:一流的机械装备是建设现代农业的有效载体;第四部分:领先的科学技术是发展现代农业的有力支撑;第五部分:高素质的职工队伍是推进现代农业的基础条件;第六部分:先进的企业文化是完善现代农业的重要补充;第七部分:提升企业核心竞争力是实现现代农业的终极目标;第八部分:社会主义新垦区建设。

"海拉尔农垦发展史展馆"是在垦区50多年建设发展的基础上,实事求是地记录历史,科学准确总结成绩,继往开来规划明天,全面反映垦区50年来各个发展时期的突出成就。内容涵盖农垦发展历史的五个重要阶段、发展现代农业的六个基础成就、海拉尔农垦集团发展初期的两大基本成果以及建设新农垦的宏伟蓝图等各个领域,是农垦人不断进取、不断创新、再创辉煌的真实写照,是海拉尔农垦走向新世纪的力量源泉。

71

呼伦贝尔文化丛书博物馆篇

敖鲁古雅鄂温克驯鹿文化博物馆

　　根河市敖鲁古雅鄂温克驯鹿文化博物馆始建于1995年9月10日，其前身是1985年建立的敖鲁古雅狩猎文化陈列室。为了加快"中国·敖鲁古雅鄂温克使鹿部落"旅游业的发展，根河市市委市政府专门聘请了国际知名咨询策划公司——芬兰贝利集团为敖乡编制了"敖鲁古雅旅游整体规划"。

　　工程于2008年6月动工。改扩建后的敖鲁古雅鄂温克驯鹿文化博物馆建筑设计大气新颖。突出敖鲁古雅驯鹿文化和森林文化，更有利于开发、保护敖鲁古雅的文化、旅游资源。同时也将成为推动根河市文化发展，提高文化知名度和对外宣传的闪亮窗口。

　　2009年，举办使鹿鄂温克桦树皮、兽皮及手工艺作品展览；2010年，举办使鹿鄂温克风情及北方森林文化油画展；2011年，举办内蒙古自治区使鹿鄂温克风情摄影展。

　　图片172幅，实物126件，标本17件。

73

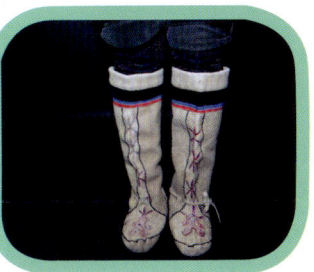

呼伦贝尔文化丛书博物馆篇

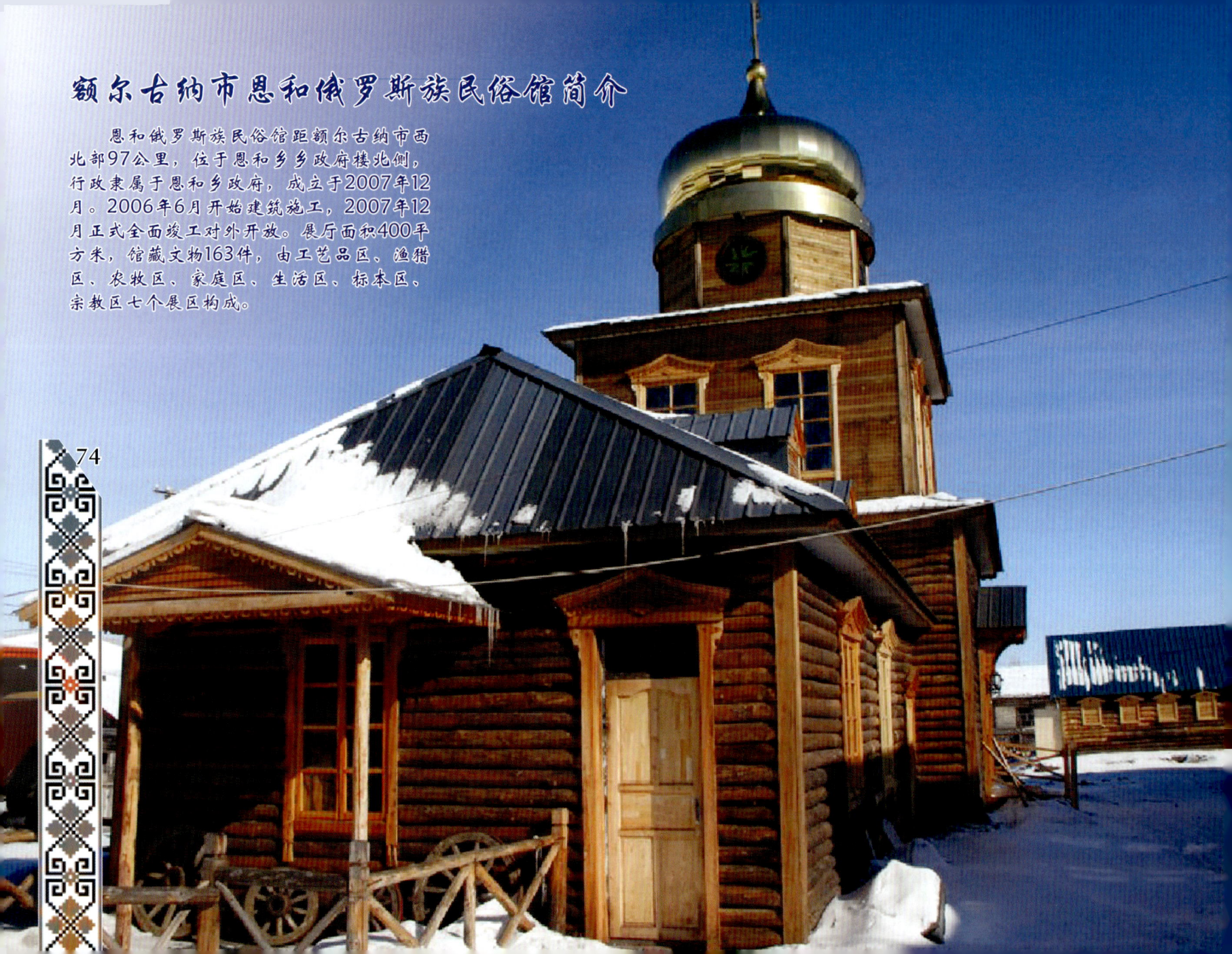

额尔古纳市恩和俄罗斯族民俗馆简介

　　恩和俄罗斯族民俗馆距额尔古纳市西北部97公里，位于恩和乡乡政府楼北侧，行政隶属于恩和乡政府，成立于2007年12月。2006年6月开始建筑施工，2007年12月正式全面竣工对外开放。展厅面积400平方米，馆藏文物163件，由工艺品区、渔猎区、农牧区、家庭区、生活区、标本区、宗教区七个展区构成。

呼伦贝尔文化丛书博物馆篇

呼伦贝尔文化丛书博物馆篇

额尔古纳市恩和俄罗斯族民俗馆文物照片

陈巴尔虎旗民族博物馆

陈旗民族博物馆成立于2007年6月，隶属旗文体广电局，与文物管理所一个机构两块牌子，承担着旗文物管理委员会办公室的职能。建筑面积1万平方米，总投资4000万元，是内蒙古自治区旗县面积最大的民族博物馆。馆内设综合组、历史文物组、民俗组、展览接待组等四个科室。

博物馆布展面积4500平米，分民俗、历史、自然、成就等四个展厅展出。自2007年9月22日正式开馆以来，当年接待游客20113人次，至今共接待游客达到49730人次，其中国外游客878人次，牧民游客17458人次，青少年游客10850人次。

旗民族博物馆自成立以来共举办过4次展览，其中1次（草原生态保护展）属于临时展览。

（一）摄影展

由博物馆与旗摄影协会共同主办，共展出旗内摄影爱好者作品124副。

（二）油画展

共展出24副总面积73平米反映我旗历史、民俗、风光题材的油画，油画均由馆内工作人员创作。

（三）李刚老师水彩画展

陈旗特尼河中学美术教师李刚老师的水彩画展，共展出28幅作品，展览位置在博物馆一楼自然展厅内。

（四）草原生态保护展

本次展览主题为"保护我们的草原"，由博物馆与益暖中华公益大赛合办，通过展览进一步提高了当地群众的草原生态保护意识。

基本陈列

馆藏文物共有2903件，分民俗、历史、自然、成就等四个展厅展出。展厅共两层，一层为自然厅，共展出本土野生动物、植物、鱼类、昆虫、矿产等548件标本。二层为历史厅、民俗厅和现代成就厅。历史厅分别展出史前文明、早期民族、隋唐时期蒙元巴尔虎文化、辽金时期的陈巴尔虎、蒙元文化、陈巴尔虎建旗和日伪时期、苏联红军解放陈巴尔虎旗。并展有本旗出土的全国保存最完好的室韦独木棺。民俗厅分别展出原住民巴尔虎蒙古民俗、通古斯鄂温克民俗、新巴尔虎民俗、蒙古国巴尔虎民俗、俄罗斯巴尔虎民俗。现代成就厅展出陈巴尔虎旗建旗以来的发展成就。

标本长廊

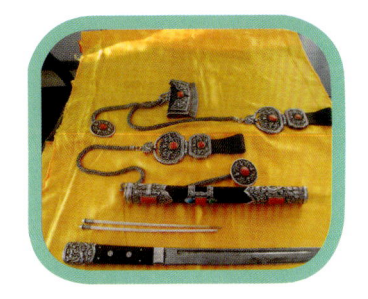

成就厅内景

历史厅

民族厅

呼伦贝尔文化丛书博物馆篇

诺门罕战争陈列馆

位于新巴尔虎左旗乌布尔宝力格苏木查干诺尔嘎查，日常工作、事务由新巴尔虎左旗文物管理所承担，成立时间为1991年5月。

1991年5月由当时诺门罕布日德苏木代为管理，展厅面积为60平方米，展品数量402余件，2000年行政归属东旗文物管理所，将该展厅迁至诺门罕苏木小学，展厅面积扩至92平方米。展品数量增加至600余件。2004年行政管理权由旗政府决定归旗旅游局进行管理。展厅面积扩至140平方米。2008年为宣传新巴尔虎左旗，提高知名度，让世人更加了解新左旗，推动我市的经济发展，在诺门罕战争原址新建诺门罕战役遗址陈列馆。新馆面积2264平方米，馆藏文物1070件，共分三个展厅展出文物889件。1996年被自治区人民政府公布为爱国主义教育基地，2008年被自治区人民政府重新公布为"自治区级爱国主义教育基地"，现诺门罕战争遗址为自治区级重点文物保护单位。

1939年5月4日至1939年9月16日，日本军国主义为实现其"北进计划"，在今新巴尔虎左旗诺门罕布日德地区及今蒙古国哈拉哈河中下游两岸，发动了震惊世界的"满"蒙边境战役即诺门罕战争。此役以日本关东军死伤5万4千余人，最后使用了"细菌战"，仍以失败告终。被称为"日本陆军史上最大的一次败仗"。在经历了诺门罕战争的惨败后，日本被迫改变了二战当中的战略进攻方向，所以诺门罕战争无论对二战还是反法西斯战争都具有重要的意义。

现有馆藏文物数：1070件。

展出展品数：一楼展厅511件。二楼展厅163件、三楼展厅215件，总计889件。

展厅面积：2264平方米。

展陈内容：诺门罕战争期间苏蒙、日军战争文物。

呼伦贝尔文化丛书博物馆篇

呼伦贝尔文化丛书博物馆篇

82

手雷

诺门罕战争

电话机

扎兰屯市南木鄂伦春民俗博物馆

　　扎兰屯市历史悠久，北方游牧民族在这块土地上繁衍生息，留下了丰富的文化遗产，扎兰屯市是呼伦贝尔市的南大门，是外省市通过呼伦贝尔市的交通要塞。有史以来，扎兰屯地区，保存有大量的历史文化遗产和丰富的民族文物，南木鄂伦春民族乡是扎兰屯市三少民族乡之一，鄂伦春族是我国北方现存的典型的狩猎民族，虽然他们已经放下了猎枪从事了农业及其他行业，但是他们在历史上所创造的典型狩猎文化，有着非常重要的人文科学价值，不仅在中国北方狩猎文化史上有着不容忽视的历史地位，就是在世界狩猎文化史上，同样有着重要的人文科学价值。为了能够对鄂伦春族狩猎文化中的原始艺术加以探索，作为多民族聚居的扎兰屯市，又有鄂伦春族在此生活、劳作，无论是先决条件、人为因素，这些都是建设扎兰屯市南木鄂伦春民俗博物馆的优越条件。

呼伦贝尔文化丛书 博物馆篇

扎兰屯市南木鄂伦春民俗博物馆建筑面积1000平方米，展馆面积近750平方米，馆内收集了鄂伦春民间文物200件，400余张各类图片。展厅内共设：族称来源、狩猎文化、皮毛文化、民族服饰、民俗艺术、民俗民居、民族成就等7单元组展示，每件实物展品都有图片和文字说明。每个单元组展示了居住在南木地区的鄂伦春民族的历史沿革、民族风俗、传统工艺、多彩文化等方面的内容。实物展展出了撮罗子、桦皮船、萨满服饰等民族生产生活用品用具、工艺美术制品等。

扎兰屯市南木鄂伦春民俗博物馆的建成是展示北方民族鄂伦春族民风、民俗、文化、历史的大型场馆，馆内展出有大量鄂伦春民族生产、生活用品、文化等内容的相关实物和图片，这些实物、图片，充分展示了鄂伦春人在漫漫历史长河中克服气候严寒、生存条件极其艰苦等困难繁衍生息的生活场景及新中国成立后逐步走出原始森林走向定居新生活的不凡经历。鄂伦春民族是上个世纪40年代在中国共产党的组织号召下，由在森林中游猎居不定所走向下山定居新生活的少数民族，定居历史刚满60年，走向新生活的鄂伦春人在民族生活文化各个方面都有很大进步，为社会主义建设做出了很大贡献。

扎兰屯南木博物馆文物照片

神偶

烟袋

呼伦贝尔文化丛书博物馆篇

呼伦贝尔文化丛书博物馆篇

86

扎兰屯市南木鄂伦春民俗博物馆文物照片

87

呼伦贝尔文化丛书 博物馆篇

哈克遗址博物馆简介

哈克遗址位于呼伦贝尔市海拉尔区哈克镇哈克村。该遗址于1985年文物普查时发现，距今4000-7000年，与仰韶、红山文化年代相当，以精美的玉器、细石器、弓箭、陶器和丰富的墓葬为代表，展现了草原游牧民族早期的"细石器文化"，并被命名为新的考古文化——"哈克文化"，是自治区文物考古研究领域探寻草原文化所取得的重大成果。

哈克遗址博物馆于2010年7月正式对外开放，建筑总面积1500平方米，以"序厅"为引领，通过"石器顶峰"、"远古玉魂"、"民族摇篮"3个展厅，真实、生动地描绘出呼伦贝尔草原先民们生产生活、环境变迁、文化起源、社会发展的历史长卷。

馆内现有文物509件。

89

呼伦贝尔文化丛书 博物馆篇

哈克遗址博物馆展品照片

扎赉诺尔矿山博物馆

　　扎赉诺尔国家矿山博物馆是2005年8月经国土资源部批准建设，是内蒙古自治区首家矿山博物馆，博物馆展厅主要展示扎赉诺尔矿山的发展历史和矿山遗迹，展现了矿山的百年历史文化，是扎赉诺尔国家矿山公园的重要组成部分，扎赉诺尔国家矿山博物馆总面积4.5平方公里。博物馆分主、副两个展厅，主展厅集中展示扎赉诺尔矿山的发展历史和矿业遗迹。馆内收藏展品近百件，其中，扎赉诺尔人头骨化石、披毛犀和猛犸象骨骼化石等均为国内重要收藏品。

　　矿山博物馆以实物和图文并茂的形式展示扎赉诺尔的煤炭事业、风土人情和历史变迁。馆内收藏了通过社会征集、捐赠和出土等汇聚的展品近百件，其中矿山开采过程中挖掘出的扎赉诺尔人头骨化石、披毛犀－猛犸象骨骼化石等均为国内重要收藏品。

92

扎赉诺尔国家矿山博物馆文物照片

牙克石中东铁路蒸汽时代博物馆

位于内蒙古自治区呼伦贝尔市牙克石市博克图镇境内,中东铁路博克图段工业建筑群是迄今为止,国内发现的保存较为完整、最具有中东铁路时期俄罗斯风格特色的建筑群。其内容结构丰富,具有连片成群的独特性,建筑群由兴安岭铁路隧道、兴安岭螺旋展线、隧道坐标点石碑、百年机车库、蒸汽机车水塔、百年段长办公室六部分组成。

建于牙克石市博克图镇至乌奴耳办事处境内,滨洲铁路、301国道穿越博克图镇、乌奴耳办事处,交通、电力条件成熟。同时,可借助博克图镇、乌奴耳办事处人力资源对博物馆进行日常管理。

面积:8000平方米
内容:共分4个展区

一展区:兴安岭铁路隧道、隧道坐标点石碑

兴安岭铁路隧道位于内蒙古自治区呼伦贝尔市牙克石市乌奴耳办事处兴安岭居委会兴安岭车站东300米即滨洲西部线561公里262米(兴安岭站上行出站处)。始建于1901年,1903年贯通,1904年正式通车。隧道东西走向,穿越大兴安岭主峰,横贯至川岭工区和兴安岭车站之间。全长3078米,宽8米,高7米,占地面积24624平方米。隧道东西入口拱顶上部为秘密防御工事,内部为扇形单兵步枪射击孔,入口两侧灌注坚固碉堡,西入口为兴安岭碉堡,东入口为川岭碉堡。该隧道双轨断面,单线行车,是全国较大而又最早修筑的铁路隧道之一,在全国铁路中也以高龄和险要而著称,按当时规定的技术标准使用年限为60年,现已超龄使用40多年。

隧道坐标点石碑(莎力碑)位于内蒙古自治区呼伦贝尔市牙克石市博克图镇博西居委会三区301国道兴安岭段1082公里320米南80米山坡上。1901年为开凿兴安岭铁路隧道修建,石质结构,呈阶梯状,碑底2.85米×2.85米,平面呈正方形,占地面积8.13平方米,由低到高,由粗到细依次砌筑7层,碑高17.2米。民间传说此碑为纪念修建兴安岭铁路隧道女工程师莎力所建,也称莎力碑。

二展区：兴安岭螺旋展线

兴安岭螺旋展线位于内蒙古自治区呼伦贝尔市牙克石市博克图镇博西居委会三区兴安岭铁路隧道东入口559公里0米即滨洲铁路博克图段553公里625米至559公里。建于1901年，全长6.625公里，占地面积49687.5平方米，兴安岭铁路隧道东侧山岩陡峭，东侧洞口至雅鲁河谷落差大，越岭螺旋展线需逐渐加高路基，螺旋绕行到达隧道东入口。展线绕行中于滨洲铁路556公里0米处上下线路交叉，下部线须穿越71.10米的立体交叉式隧道。在展线立体交叉式隧道两侧端口，于1903年修建钢筋混凝土巨型新南沟碉堡2座，东侧碉堡占地面积168平方米，西侧碉堡占地面积318平方米，有多角度窥望孔，射击孔和厚重铁门及地下通道形成铁路防御体系。2007年9月29日，博克图至牙克石区段复线改造及莎力隧道开通运营后，兴安岭螺旋展线停止使用。

三展区：百年机车库、蒸汽机车水塔

百年机车库位于内蒙古自治区呼伦贝尔市牙克石市博克图镇博铁居委会二区铁路机务段院内南侧。建于1903年，是中东铁路设施之一，整体建筑呈扇形，坐西朝东，砖、木结构，占地面积7130平方米，俄罗斯建筑风格显著。共设20个机车车库，其中1-5号库占地面积2416平方米，6-9号库占地面积1794平方米，10-20号库占地面积2920平方米。现有14个机车库正在使用，其余6个机车库闲置。机车车库东侧设有机车调转方向转盘一座，直径30米，平面呈圆形，现正在使用。

蒸汽机车水塔位于内蒙古自治区呼伦贝尔市牙克石市博克图镇博铁居委会二区铁路机务段院内东南。建于1903年，是中东铁路设施之一。水塔呈壶状，平面呈圆形。石、砖、木、铁结构，占地面积42平方米，底座为石砌，周长26.20米，高2.40米；塔身为砖砌，高约7米；塔顶水箱高约7米，容量240吨。水塔总高16.40米。1995年蒸汽机车更新换代为内燃机车，水塔停止使用。

四展区：百年段长办公室

百年段长办公室位于内蒙古自治区呼伦贝尔市牙克石市博克图镇博铁居委会二区五组水源街与文化路交叉口东侧。建于1903年，是沙俄修筑中东铁路时建成的机务段长办公室，石、砖、铁结构，俄罗斯建筑风格显著，南北长20.5米，东西宽12米，平面呈长方形，建筑面积246平方米。室内设段长室、教育室、技术室、众务室、夫役室、仓库、卫生间等。1903年机务段属中东铁路管理。1936年10月伪满洲国将国有铁路委托南满铁道株式会社经营，机务段改为机务机关区，机务段长办公室变为机务机关区长办公室，区长付再扎次是日本人。1946年5月12日，西满铁路护路军司令员郭维成到博克图接收后，授命冯雅斋为博克图机务段段长。1949年10月前苏联雷诺夫任博克图机务段段长。1950年5月1日博克图机务段隶属中国铁路长春管理局。2005年，海拉尔铁路分局将段长办公室出售给呼伦贝尔市慧达中药材收购有限公司。

呼伦贝尔文化丛书 博物馆篇

97

呼伦贝尔文化丛书博物馆篇

呼伦贝尔文化丛书 博物馆篇

呼伦贝尔文化丛书 博物馆篇

呼伦贝尔文化丛书博物馆篇

呼伦贝尔文化丛书 博物馆 篇

呼伦贝尔文化丛书 **博物馆篇**

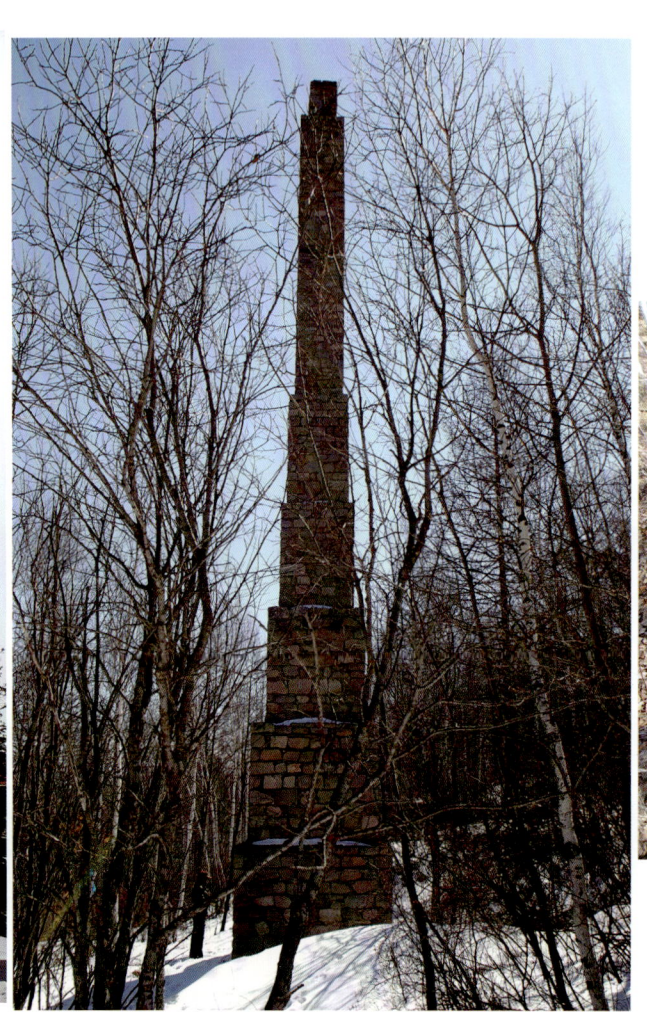

呼伦贝尔文化丛书 博物馆篇

根河市博物馆

根河市博物馆行政隶属于根河市文化体育局。为财政全额拨款事业单位。

随着中华民族的传统文化的逐渐全方位的开放，一些典型的民族地域传统文化受到了重大冲击。且生态移民后的敖鲁古雅鄂温克猎民、定居的鄂伦春族、达斡尔族正在向市民转变，传统文化也由游猎向农耕过渡，传统文化民族文化正在被一种高速度、快节奏的现代文化所代替，传统的民间文化在逐渐消亡，而桦树皮文化做为一种口头传承的民间技艺由于没有传承人，会制作这些桦树皮器皿的人越来越少，且由于这些狩猎民族的定居，使用这些器皿的人也越来越少。为保护和抢救这些濒临失传的制作技艺根河市人民政府在2007年将桦树皮制作技艺成功申报为内蒙古自治区第一批进入国家非物质文化遗产保护名录，为保护和抢救这些少数民族优秀的传统文化，于2009年建成了根河市博物馆（桦树皮文化博物馆）来专题展示桦树皮文化的演变过程及制作技艺。

根河市地处呼伦贝尔北部属林区，生长着茂密而神奇的白桦树，有着丰富的桦树资源。且敖鲁古雅鄂温克人就居住在根河市的敖鲁古雅乡，在这个狩猎鄂温克部落，鄂温克人仍以传统方法来制作各种物品，一些具有狩猎民族特征的桦树皮、皮毛、骨刻等制品，在这里至今仍能见到。鄂伦春族、达斡尔族的桦树皮文化在这里也可以见到，而每年来这里旅游观光探寻原始民族文化的游人、学者也在不断的增多。根河市博物馆的建立为收藏、保护、研究和弘扬桦树皮文化，让世人深入了解北方狩猎民族历史文化与风土人情打开了一扇窗。

藏品数量：300

展陈内容

第一单元：鄂温克族桦树皮技艺

第二单元：鄂伦春族桦树皮技艺

第三单元：达斡尔族桦树皮技艺

第四单元：俄罗族、赫哲族

105

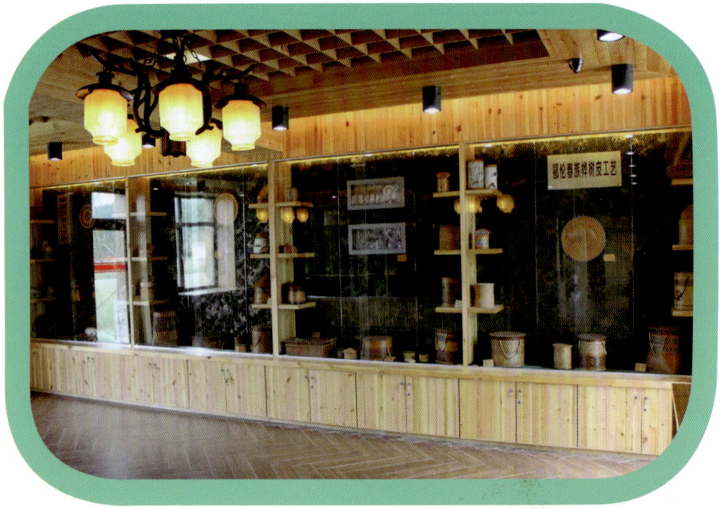

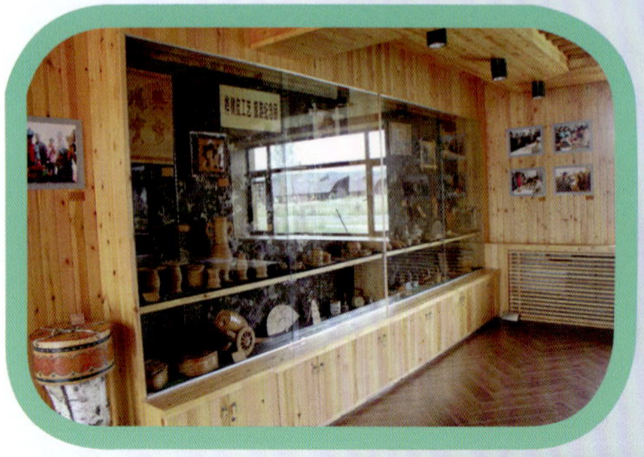

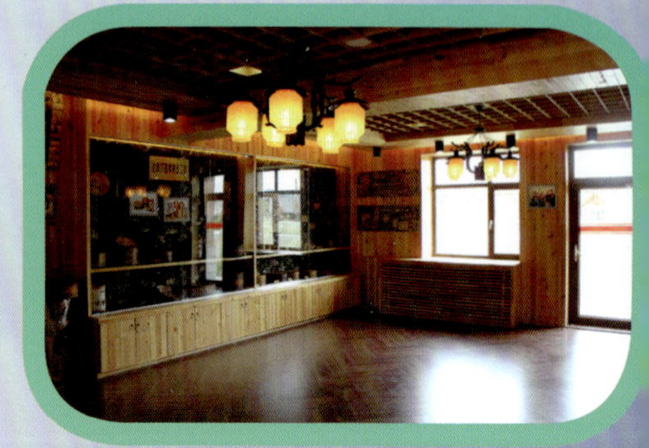

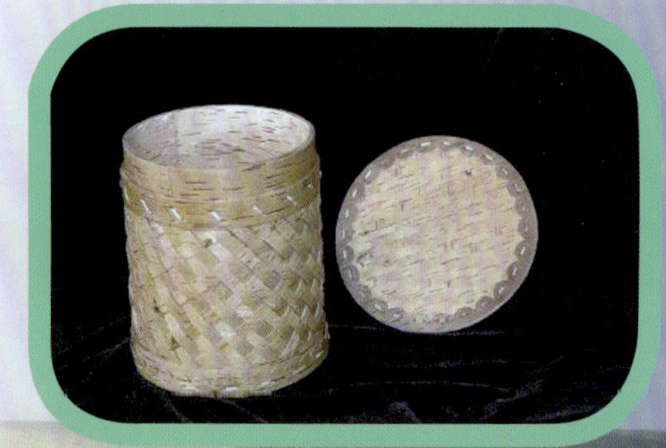

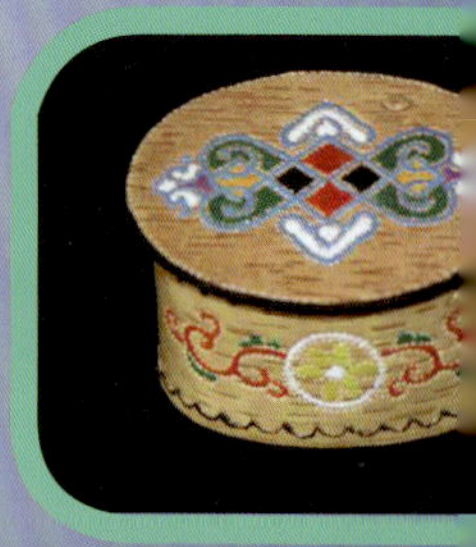

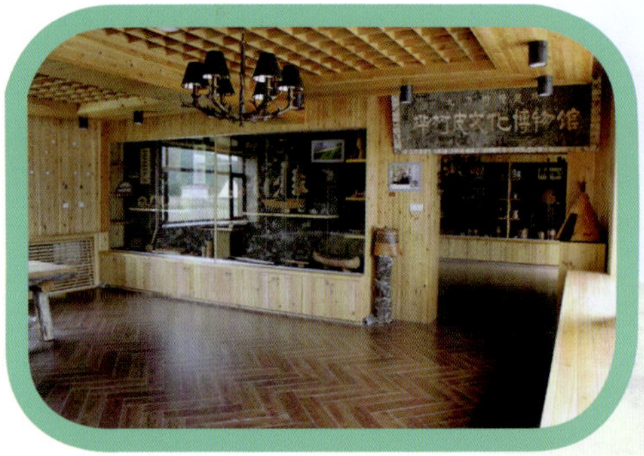

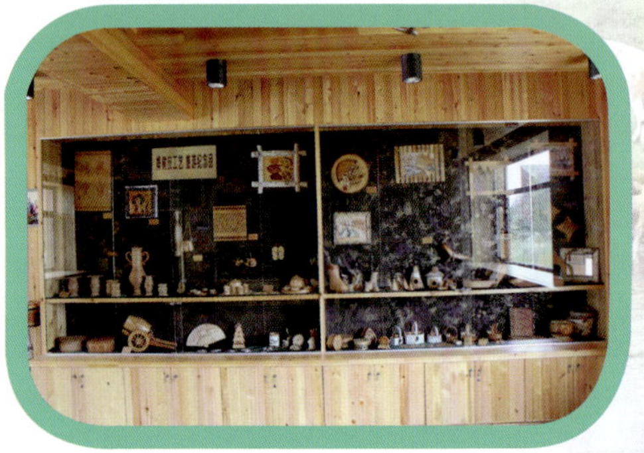

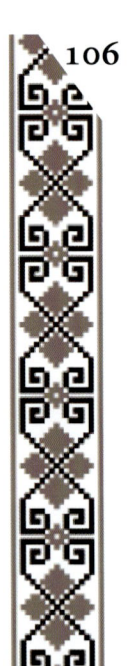

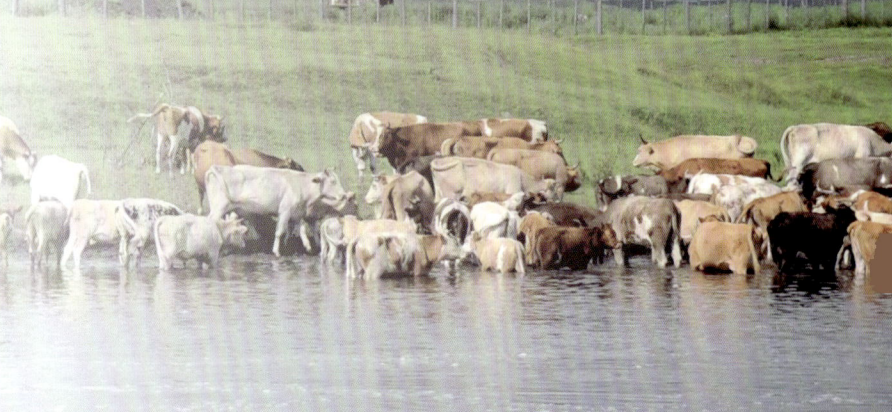

107

新巴尔虎左旗博物馆

为了更好的展示新左旗悠久的历史和游牧文化，旗委旗政府于2009年在文体活动中心投入建成一座新左旗博物馆，该馆占地面积200平方米，内设有历史和爱国主义教育展厅，展陈文物有新石器、青铜器和各时期陶罐等在内的共262件历史文物及二百余幅诺门罕战争图片，定期对广大参观者及中小学生开放展览，进行爱国主义教育活动，迄今为止已接待了六千余人，受到了良好的社会效益。使广大参观者不仅了解到新左旗从新石器时代到各个历史时期的发展与变迁，并自发的参与到保护这份珍贵的历史文化遗产中。

主要展出了新巴尔虎左旗自新石器时代至1939年诺门罕战役爆发后的新巴尔虎左旗的主要历史发展过程，展览共分三个单元，第一单元主要展出新石器时代出土的细石器。第二单元展出唐、辽代出土的陶器。第三单元主要展出了与诺门罕战役相关的人物图片、文字资料及相关的实物。

109

呼伦贝尔文化丛书博物馆篇

110

111

三河马科技博物馆
中国·内蒙古

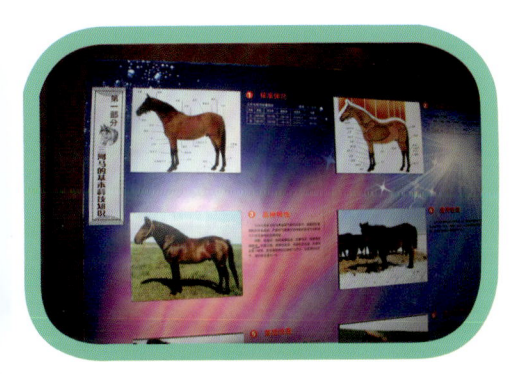

三河马科技博物馆

三河马科技博物馆位于内蒙古额尔古纳市三河回族乡，隶属于海尔尔农垦（集团）三河分公司。博物馆展厅面积达360平方米，参展品60余件。科技馆分为"三河马博览""世界马品种""三河马科技""世界马文化""三河马场史"五部分，主要由实物、模型、图片、文字资料等组成。

三河马科技博览展厅，展示了三河马的文化和精神内涵；"马品种"展厅，重点介绍了马的物种起源和演变过程，集中展现世界优秀马种的风采；"三河马科技"展厅主要对三河马品种形成过程、三河马的科学繁育、外血引进等科技成果及三河马的发展规划进行了展望；"马文化"展厅展现了马文化的形成、世界各地马文化的发展等；"三河马场史"展厅反映了三河马场的过去、现在和未来。

呼伦贝尔文化丛书博物馆篇

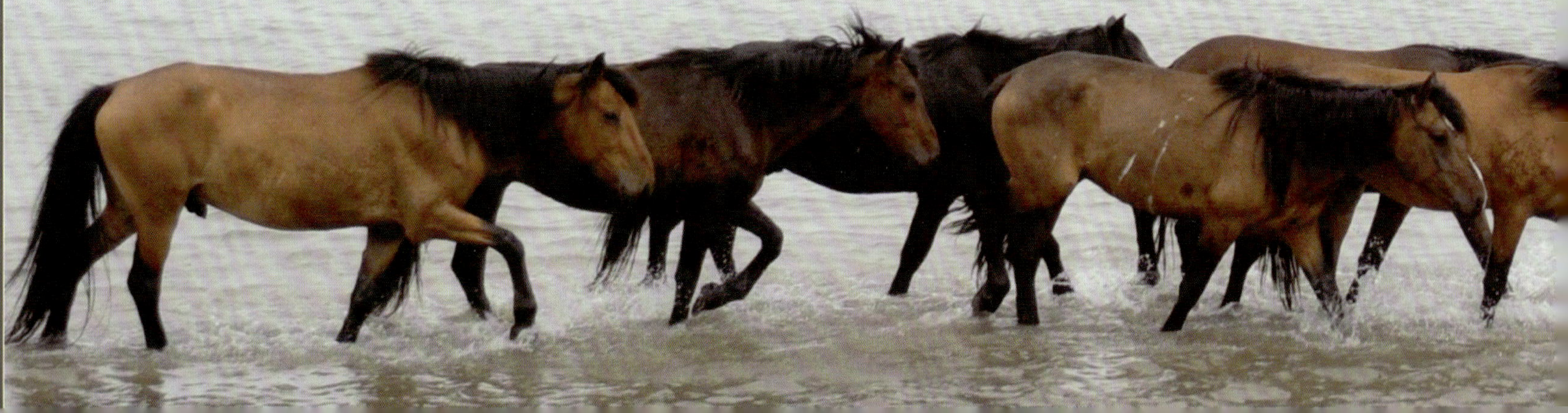

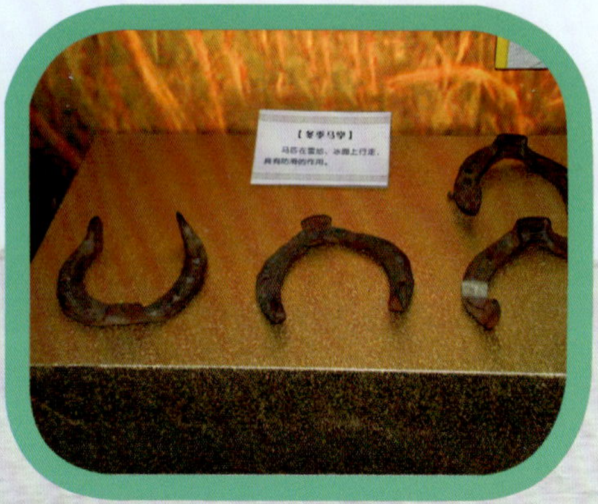

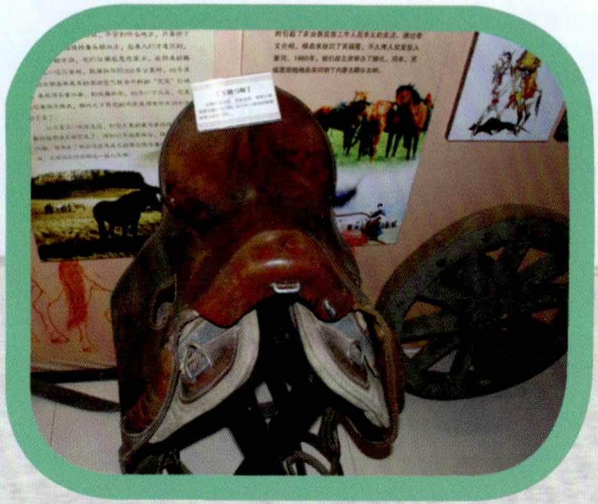

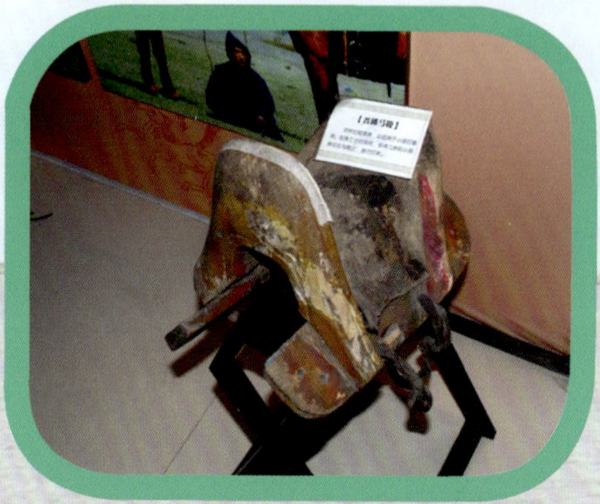

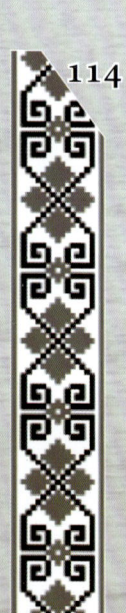

115

116

满洲里红色旅游展厅

红色旅游展厅是全国100个红色旅游精品景区之一。它是原中苏会谈会晤室改扩建而成的。展厅主要通过图片、实物全面展现了我党早期领导人经由满洲里前往苏联和共产国际寻求革命真理拯救中华民族建立新中国的光辉历程。1949年毛泽东主席出访和1950年回国时都途经满洲里,毛泽东主席在满洲里停留期间,曾对满洲里做出了重要指示——"满洲里是祖国边疆的重要城市,是中苏贸易的重要陆运口岸,对新中国的建设和巩固国防均有重要作用"。可见当时毛泽东主席对满洲里的评价是非常高的,特别是目前在市委市政府的正确领导下,满洲里口岸快速发展的今天更证实了毛泽东主席的远见卓识。该展厅共由8个部分组成。

一、红色秘密交通线展厅

这个展厅向您讲述了满洲里红色国际秘密交通线建立的历史背景。19世纪末20世纪初,沙俄为达到侵占我国东北的目的强迫清政府签订了《中俄密约》,攫取了在我国东北修筑中东铁路的权利。大批的俄国筑路工人来到我国,1897年在黑龙江绥芬河举行了开工典礼,1901年哈尔滨至霍勒金布勒格西线在乌固诺尔站举行了接轨仪式,同年在霍勒金布勒格建立了车站,称为满洲里站,随着满洲里铁路货运和客运相继开通,满洲里便成为了连接欧亚大路的交通要塞。为了加强对满洲里地区的管理,1909年清政府在这里设置了胪滨府，1920年中国政府又设立了胪滨县，但当时都是形同虚设，因为当时满洲里的一切行政事物均由俄国人成立的满洲里公共理事会管理。1904年，为了瓜分中国东北领土，日本和俄国之间爆发了一场战争，俄国将满洲里变成驻军基地，大批的俄国人涌入这里，开始修建民居，建设商埠，在图上我们可以看到当时的建筑有尼基金大楼、东大营、民居木刻楞和精雕细琢的哥特式建筑。这是当时一条非常繁华的街道——博士大街，我们可以观察到街道上商店、饭店的招牌都是用俄文书写的，可见俄国人已经把这里当成了自己的乐园，一时间商贾云集，满洲里被誉为"万国商都"。

建党初期，为加强与共产国际和苏联的联系，中国共产党充分利用满洲里距苏联较近、交通便利和反动力量比较薄弱的优势，沿中东铁路建立了一条由满洲里通往苏联和共产国际的红色国际秘密交通线，在这条线上共有五个交通站，其中密山一处、哈尔滨一处、满洲里三处。接下来详细的向您介绍一下满洲里红色国际秘密交通线的发展进程。我们到下一个展厅参观。

二、红色秘密交通线展厅

1931年11月中共北满特委为加强满洲里地区的工作，派纪中发和李方两位同志假扮夫妻从哈尔滨来到满洲里，在三道街以开设晋丰泰杂货铺为名，建立了满洲里秘密交通站。1934年李芳同志调往苏联学习，纪中发被调走，他们二人的工作就由杨永和、林凤珍这对真夫妻来接管。为了加强满洲里交通站的工作，第二年又在扎赉诺尔设立了辅助站，负责人是杨殿成，王化民是他的助手。为了确保满洲里、扎赉诺尔这两个秘密交通部发生意外时，我党与共产国际和苏联的联系不中断，哈尔滨国际交通局于1936年派李子文和宋恩来在道北三道街以设承和顺估衣铺为掩护，建立了"满洲里直通交通站"。这三个秘密交通站都是由中国共产党设立的。除此之外，1932年苏联工农红军派苏子元在二卡和扎赉诺尔分别建立了交通站。我们前方展柜中的物品就是秘密交通站时期所使用的生活用品。

九·一八事变后，日军继侵入齐齐哈尔、海拉尔等后，又入侵满洲里，在这里驻扎重兵，并对中苏边境线进行严密封锁，同时还将1903年俄国人修建的石头楼监狱变成了对中国反满抗日人士进行疯狂镇压的魔窟。现在石头楼监狱已被开发成中东铁路监狱陈列馆，是满洲里红色国际秘密交通线教育基地的一个重要景点。1937年，由于叛徒的出卖，满洲里红色国际秘密交通线被破坏了，共历经18个春秋，是中国革命史上存在时间最久的一条国际秘密交通线。

1928年4月，周恩来当选为中共六大代表，邓颖超为列席代表，他们为参加中共六大，假扮成珠宝商人，几经波折最后在李立三同志的帮助下，安全的到达莫斯科，6月12日斯大林亲自接见了瞿秋白、周恩来等同志。接下来我们到下一个展厅参观。

三、真理之路展厅

现在我们看到的这些照片是我党早期领导人经由满洲里前往苏联和共产国际时

期留下的一些珍贵照片。宋庆龄曾三次途经满洲里,这张照片是1927年宋庆龄前往莫斯科接受斯大林赠送给孙中山先生水晶石棺时的珍贵照片;这张照片是1920年瞿秋白赴苏考察时与同事李宗武在莫斯科的合影;这是1949年刘少奇率中共代表团访苏时与儿子刘允斌、女儿刘爱琴在一起的合影。

从各种资料查到的经满洲里前往共产国际和苏联以及从苏联回国的同志有陈独秀、周恩来、邓颖超、刘少奇、瞿秋白、李大钊、李立三、蔡和森、乌兰夫、邓中夏、刘伯承、许光达、李达、左权、张闻天、张国焘等70余名同志。他们分别以记者、商人、夫妻等不同身份从事革命活动,从前苏联和共产国际捧回了革命圣火。

四、中共六大展厅

大革命遭受失败以后,国内一片白色恐怖,中国共产党为了总结经验教训,准备召开第六次全国代表大会。由于当时的环境已不可能在国内召开,在共产国际的帮助下1928年6月18日至7月11日,在莫斯科近郊兹维果罗德镇召开。这是中共在共产国际指导下唯一在国外召开的一次代表大会,出席大会的人共有142人,其中大部分代表都是由满洲里前往莫斯科的。现在我们看到的是当时六大代表名单的手抄本,我们节选了一部分,它左侧是序号,右侧是代表们名单,在这张名单上有我们熟悉的名字,瞿秋白、周恩来、邓颖超、项英等等。为了安全和保密,会议上代表们的发言都是用序号来代替的,这也是中国共产党党史上唯一一次用序号来代替代表们的名字的会议。在这次会议上瞿秋白、周恩来、共产国际代表布哈林分别作了主要报告,其中瞿秋白作了《中国革命与共产党》的政治报告;周恩来作了组织问题和军事问题的报告;共产国际代表布哈林作了《中国革命与中共任务》

的报告。同时大会还通过了14项决议案:有农民问题决议案、土地问题决议案、妇女运动决议案等等。由于早期领导人的不懈努力,革命圣火燃遍中华大地,中国人民万众一心,终于迎来了胜利的曙光。接下来我们将参观这个展厅。

五、胜利曙光展厅

1945年苏联红军正式对日宣战,出兵满洲里,结束了日军对满洲里长达13年的黑暗统治。为了纪念在战斗过程中牺牲的苏联红军战士,满洲里人民建立了苏联红军烈士公园。

1949年毛泽东主席出访苏联时,往返途经满洲里,并做了重要指示:满洲里是祖国边疆重要的城市,是中苏贸易的重要陆运口岸,对新中国的建设、巩固国防均有重要作用。

在建国初期,满洲里凭借独特的地理优势,及时运输苏联援建的156项工程设备,为社会主义建设做出了重要贡献。

在抗美援朝时期,满洲里作为全国最大的陆路口岸,承担了苏联等社会主义国家支援朝鲜战场大部分战略物资的换装与转运工作。

六、红色溯源展厅

这个展厅主要以雕像、挂件、奖章等实物,向大家展现了前苏联的历史和文化。

现在我们看到的这个列宁头像制作于1939年,历史比较久远;这是苏联国国徽:镰刀、斧子代表工农联盟,每一条绶带代表一个加盟共和国,一共15条绶带,

呼伦贝尔文化丛书博物馆篇

也就是15个加盟共和国；这边主要陈列了一些列宁的雕像。这是列宁与农民在一起；列宁与捷尔任斯基在一起，他是肃清反动派的第一任主席；这两个列宁看书的雕像是列宁在流放地舒伸斯克别墅；这是列宁关心儿童；这是列宁的大学时代；列宁在1918；列宁在十月。您身后的这面锦旗是苏维埃社会主义共和国联盟成立50周年时为了奖励给在劳动竞赛中获胜的各加盟共和国，上面用俄语写着：全世界无产者联合起来。接下来我们到共产国际展厅参观。

七、共产国际展厅

我们看到窗台上摆放了许多的咖啡炉，它们都是19世纪末沙俄时期所使用的咖啡炉。我们的展厅是全国唯一一家以共产国际为主题的展厅，展厅由共产国际的发展历程、共产国际与中国革命的关系二部分组成。首先映入我们眼帘的是满洲里红色国际秘密交通线沙盘，同时也向我们展现了上个世纪初满洲里城镇格局。随着东清铁路的铺入，大批俄国人涌入满洲里，开始进行了大规模的城镇建设。围绕着中东铁路将满洲里分为南区、北区两个部分。南区主要由四条街道组成：俄国人在南区修建了水塔、石头楼监狱、哥特式建筑物、谢拉菲姆教堂；北区主要由六条街道组成：俄国人在北区修建了喇叭台、尼基金大楼、大量的木刻楞民居以及一些公共设施，比如：邮局、学校、医院等。20世纪20年代开始，共产国际和中国共产党便在满洲里地区设下了十几个联络点，晋丰泰杂货铺是其中最重要的一个交通站。交通员通过二种方式护送革命志士出境前往苏联，一个走陆路（我们看一下左手边的红色箭头）：先乘马车出向西穿越中苏边境线，然后再到奥特堡尔上火车经赤塔前往莫斯科；一是走水路（再看一下右手边的红色箭头）：同样先乘马车向东到达二卡，然后划船经二卡界河到苏联的阿巴该图再进而到达莫斯科。现在就让我们进一步了解一下满洲里晋丰泰杂货铺秘密交通站。现在我们看到这个土质的房子就是我们仿制的晋丰泰杂货铺秘密交通站。窗板上挂了一把条帚，它表示是一种安全的联系暗号。房子分前后两间，让我们进入里面参观一下，前面这间房子主要作用就是用来监视敌人情况的，这是出售烟、酒、糖、茶的柜台，这些是一些生活用品，这是火炉，这是火墙子，都是北方的取暖设施，里面是起居室，地板中间有一个可以容纳3、4人的地窖，如果来人当天不能出境就藏在地窖中，等待时机出境，当时地窖里面有床、桌椅等一些用品，他们的吃喝睡都是由交通站的交通员来安排的，这口火炕，它是北方取暖设施，这个房子的结构式以及设施的摆放都是我们采访林凤珍女儿时，根据她提供的草图来布置的。这个秘密交通站于1937年由于叛徒的出卖被破坏，共迎送出境上百人：包括我党早期领导人以及领导革命人士，还有朝鲜、越南等一些同志，为中国革命乃至国际共产主义都做出了不可磨灭的贡献。

这棵树就是仿制当年杂货铺院子里的一棵树，院子主要是用来堆放杂物的。

现在我们来到的就是共产国际展厅的第一个部分：共产国际的发展历程。国际工人运动先后经历了四个阶段：共产主义者同盟、第一国际、第二国际、共产国际。1917年列宁领导俄国人民取得了十月革命的胜利，建立了世界上第一个社会主义国家，因而列宁也被誉为社会主义国家的缔造者。列宁从理论和实践上提出建立新国际的想法，领导全世界无产阶段革命运动。1919年3月2日在克里姆林宫由来自欧洲、美洲、亚洲21个国家的52名代表参加了集会，建立了共产国际。大会决定成立执行委员会和由它选出五人组成政治局作为共产国际的最高领导机构，设在莫斯科，这五人分别为托洛斯基、拉柯夫斯基、列宁、季诺维也夫、普拉廷，其中季诺维也夫当选为共产国际主席。1924年，列宁逝世后，苏俄的领导权逐渐过渡到斯大林手中，1926年12月斯大林解除了季诺维也夫共产国际主席的职务，并把这个职务交给了布哈林。1929年，因布哈林反对斯大林的主张，斯大林开除了布哈林，由此斯大林成为苏共和共产国际的最高领导。斯大林出于战争形式的考虑，决定解散共产国际，共产国际从建立到解散共历经24年，先后召开了七次代表大会，从共产国际第三次代表大会开始时，中国共产党便派出正式代表出席会议，在会议中起到举足轻重的作用，其中毛泽东、周恩来、瞿秋白都曾在共产国际任职，我党早

难忘的学习生活

期领导人如博古、康生等他们也曾在共产国际的四大、五大、六大、七大上担任执行委员以及后补执行委员。这些实物是苏联政府在不同历史时期所制作的银制、铜制的列宁纪念章。

接下来我们参观的是该厅的第二个部分，共产国际与中国革命的关系。1920年4月，共产国际派出以维经斯基为负责人的工作小组来华指导革命，杨明斋为该小组成员之一并担任翻译。经北大俄籍教师柏烈伟的介绍，李大钊与维经斯基进行了多次融洽的会谈，终于达成在中国建党的共识，这幅图片就是他们会谈的一个地点，名为沙滩红楼。在马林的提议和帮助下，1921年7月，中国共产党第一次全国代表大会在上海法租界召开，后来转移到浙江嘉兴南湖的一艘游船上。中国共产党的诞生，开辟了中国历史的新纪元，使中国革命面貌焕然一新。

八、红色后代展厅

红色后代展厅是红色旅游展厅的三期，建于2007年10月，面积近2000平方米。展厅主要通过大量的文字资料、百余幅珍贵历史照片和实物、沙盘以及模拟场景等，全面反映了红色后代在国际儿童院的学习生活以及他们留下的鲜为人知的坎坷经历，向世人展示了红色后代的精彩人生，展厅共有五部分组成。

第一部分：国际儿童院的建立

在共产国际的领导下，苏联国际革命战士救济会发起了创办国际儿童院的倡议，以保护和教育各国共产党人的后代。

1928年瓦斯基诺国际儿童院落成，由于人数不断增多，救济会主席斯塔索娃建议在伊万诺沃建立新的国际儿童院。1933年5月1日，国际儿童院竣工。为表彰斯塔索娃，儿童院被命名为伊万诺沃斯塔索娃国际儿童院，又称第一国际儿童院。图片向我们展现的是儿童院校园时的一些场景。

第二部分：红色后代

1927年中国大革命失败后，大批革命者遭到屠杀，许多人被迫隐姓埋名，转入"地下工作"。在白色恐怖日益猖獗的形势下，一批烈士的遗孤和革命者后代流离失所，当时为了保护和抚养这一批孩子，党组织决定，将流落在各地的孩子经满洲里等地陆续送往苏联国际儿童院。这些孩子们在异国他乡开始了令他们终生难忘的人生之旅。这些孩子到底有多少已无从考证，我们只能通过历史档案、当事人和知情人的回忆，收集到了60位革命后代的资料，这就是60位红色后代的名录。

苏河清：是我国早期工人运动领袖苏兆征的儿子。在国际儿童院期间对摄影非常感兴趣，1939年考入莫斯科电影大学摄影系。1945年回国后，拍摄了60余部新闻记录片及大量珍贵历史资料片。

瞿独伊：是革命者瞿秋白和杨之华的女儿，回国以后主要为党和国家领导人从事翻译的工作。

蔡妮和蔡博：是蔡和森和向警予的孩子，蔡博回国后成为新中国第一代杰出的炼铁专家。

毛岸英：是毛泽东和杨开慧的长子。1937年进入莫尼诺国际儿童院。1946年回

呼伦贝尔文化丛书博物馆篇

呼伦贝尔文化丛书博物馆篇

国,在延安中宣部工作。1950年参加抗美援朝战争,在战场上牺牲。

毛岸青:在国际儿童院期间喜欢音乐,爱好弹钢琴,但最倾心的还是国际象棋,回国后主要从事翻译工作,曾有许多作品获得国家重要奖项。

李特特:是李富春和蔡畅的女儿,回国后从事农业科学研究工作,其研究课题多次获奖,去年红色后代开关当天她不仅亲临现场,还发表了重要的讲话。

刘允斌:是刘少奇和何宝珍的孩子,刘允斌在苏联完成了大学和研究生学业,获得副博士学位,苏共高级官员很赏识他的才华,三番五次找他谈话,并许以他优厚的生活待遇和工作条件,都让他毅然回绝了,他的理由是:贫穷的祖国需要他。回国后,成为了一名核专家,参与研发了第一颗原子弹,为我国核工业的建立和发展都做出了巨大的贡献。

刘爱琴:1949年回国后,积极要求在内蒙古基层工作,踏踏实实的为群众服务、办实事,这就是一名国家领导人的女儿,在平凡的工作岗位上做出了自己的贡献。

罗西北:是中国共产党早期领导人之一罗亦农和诸有能之子。1953年回国。一直从事水能规划及水利水电勘测工作,同时他所著的专著对我国水电水利事业发挥了重要指导作用。

朱敏:是朱德的女儿。在国际儿童院夏令营疗养院期间,不幸被德国法西斯俘虏,关进了集中营,战争快结束时,苏联士兵才把她从集中营里解救出来。之后考入列宁师范学院。1953年毕业回国,在北京师范大学任教。

陈祖涛:是陈昌浩之子。回国后投身于汽车厂的设计和建造中,成为中国汽车业的创始人和奠基者之一。

蔡转:是蔡和森和李一纯的女

儿。回国后主要从事医生工作。

黄健：是黄平之子。回国后，成为一名出色的国家跳高教练，培养出跳高世界纪录创造者郑凤荣、倪志钦等优秀的运动员，为我国体育事业做出了巨大贡献。

韩模宁：是韩铁生和朱家瑞之子。回国后在清华大学任讲师。

其他的红色后代还有赵施格、沈林如都是我国钢铁业的佼佼者；萧立昂他是我国第一批的水下摄影工作者，并且在多部影片中成功的扮演了斯大林的角色；新闻出版广播事业的佼佼者于彬、林莉、刘霞……几乎各条战线都有他们的身影。

第三部分：难忘的学习生涯

儿童院是名副其实的国际主义大家庭，中国的孩子和其他国家的孩子们生活在一起，他们彼此间团结友爱、相互帮助。这些照片都是中国孩子在国际儿童院的合影。国际儿童院开展了多种多样的文体活动，举办排球比赛、足球比赛、进行军事训练、加强体育锻炼，开展各种联欢会，举办运动会、少先队队日活动等等。

这是我们模拟的国际儿童院校园的场景，孩子们就是在校园里开展丰富多彩的文娱活动的。国际儿童院为红色后代举办了春游、夏游活动，并鼓励他们课余时间下棋、听音乐，培养了他们广泛的兴趣爱好。丰富多彩的文体活动陶冶了他们的情操，培养了他们热爱生活、无私奉献的共产主义世界观。

1941-1945年苏联爆发了伟大的卫国战争，为了支援前线，11岁以上的红色后代们经受住了战争的考验，男孩子们要做反坦克燃烧瓶、装弹药的木箱、伐木，并接受军事训练，随时准备上战场，女孩子要护理伤员、做棉衣、背包、种蔬菜等。

这部分图片展现的是红色后代在国际儿童院所接受的一些劳动教育。

这些图片展现的是1950～1956年中国孩子陆续返回祖国，国际儿童院的院长及老师为孩子送行的情景。

1950年红色后代们陆续返回祖国，党和政府非常重视和关心他们，为了使他们尽快融入社会，政府决定把在苏联毕业的大学生安排到北大语言班补习中文，然后参加工作；把中小学生安排在哈尔滨的中长铁路子弟中学学习，因为这里的生活方式和习俗与苏联比较接近，在这里他们与苏联专家的孩子们一起学习中文。

这两个沙盘向我们展现的是当时和现在的伊万诺沃国际儿童院校园沙盘的模型，墙上的图片展现的是党和国家领导人看望红色后代时与他们的合影。对面我们看到的是模拟的国际儿童院的三个场景，分别为食堂、寝室、体育活动室。

第四部分：4821走进伊万诺沃

1948年，经党中央批准，由中共中央东北局负责选送了21名年轻同志去苏联学习，为新中国准备建设人才。东北局对这次派出留学的人员要求很高，必须是军级以上的烈士和干部的子女。1955年前后，这批留苏的同志毕业后陆续途经满洲里回国，投身到火热的社会主义建设中。"文化大革命"期间，他们都受到了审查，被立案为"4821苏修特务案"，不同程度地

受到了迫害。十年浩劫结束后，扣在他们头上的"苏修特务"的大帽子被摘掉，而"4821"的称呼却在一定范围保留下来，成为对他们的一个特殊的简称。

这里就是"4821"的名录以及他们毕业院校的名录。

第五部分：重返伊万诺沃

伊万诺沃国际儿童院成立50周年、65周年、70周年和75周年之际，红色后代们都重返伊万诺沃国际儿童院参加院庆纪念活动，他们看望了当年的教师和同学，在新建的学校大楼里召开纪念会，到当年的红色塔尔卡河旁欢声歌唱，跳起当年儿时的舞蹈，一起回忆童年那段难忘的时光，每个人都抓住一切机会摄影留念。

这些书籍是红色后代们写给父辈们的书，以及其他作者写给红色后代们的书，其中毛泽东的女儿李敏和朱德的女儿朱敏分别用俄文版写了《我的父亲毛泽东》，《我的父亲朱德》。并将此书赠送给了本馆。

鉴于红色后代在苏联卫国战争期间，勇敢地同苏联人民一起投入反法西斯斗争，为夺取卫国战争的胜利贡献了自己的力量，俄罗斯政府和中国政府对红色后代给予了特殊表彰。其中蔡转、沈林如、陈印、赵施格、高毅、苏罗莎、伍绍云等都获得了苏联卫国战争胜利60周年、抗日战争胜利60周年、苏联卫国战争胜利50周年纪念章。除此之外，其他获得者还有刘爱琴、陈祖涛、黄健、苏丽娃、蔡妮。这张照片是红色后代们获奖后在苏联大使馆门前的合影。

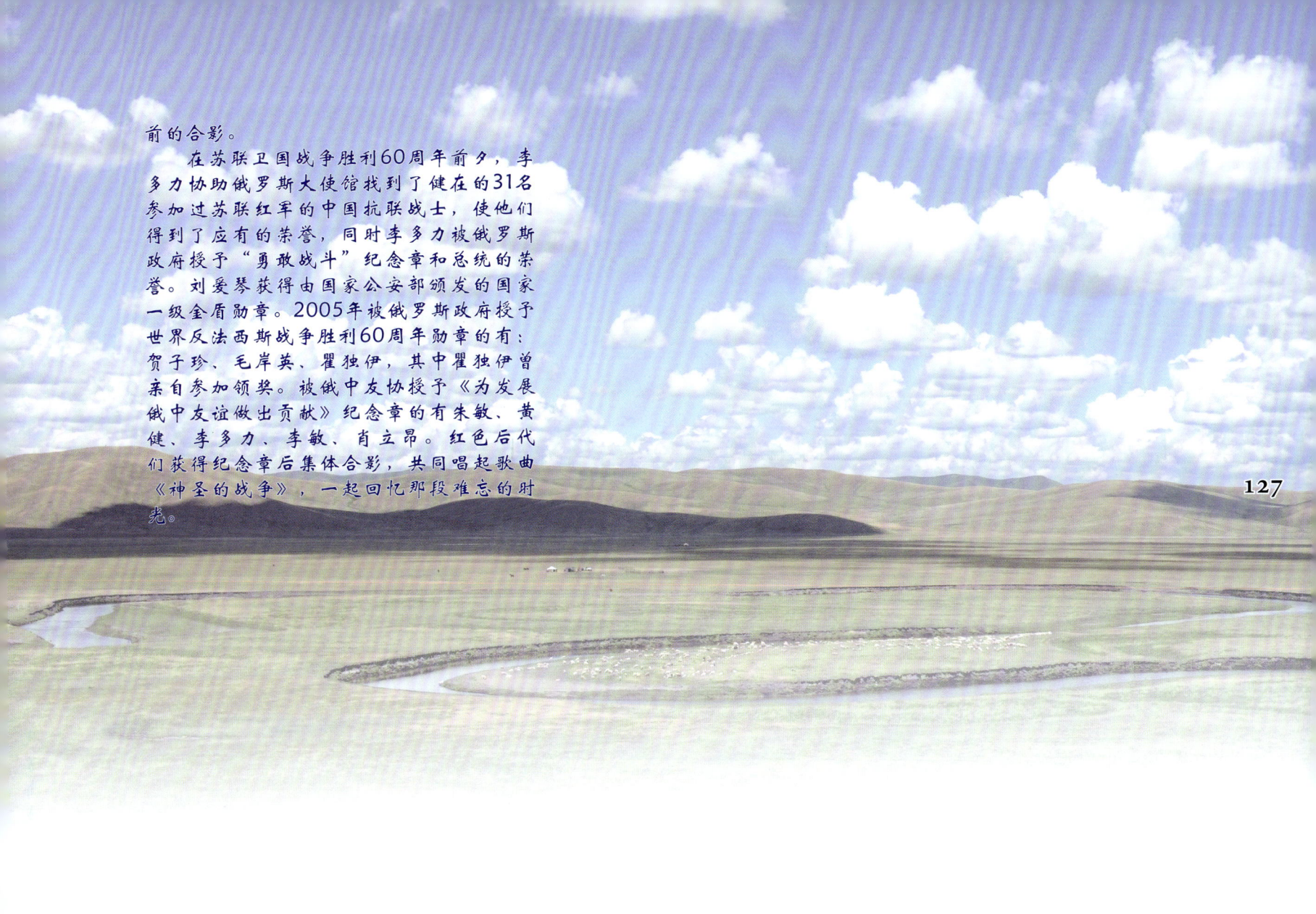

在苏联卫国战争胜利60周年前夕,李多力协助俄罗斯大使馆找到了健在的31名参加过苏联红军的中国抗联战士,使他们得到了应有的荣誉,同时李多力被俄罗斯政府授予"勇敢战斗"纪念章和总统的荣誉。刘爱琴获得由国家公安部颁发的国家一级金盾勋章。2005年被俄罗斯政府授予世界反法西斯战争胜利60周年勋章的有:贺子珍、毛岸英、瞿独伊,其中瞿独伊曾亲自参加领奖。被俄中友协授予《为发展俄中友谊做出贡献》纪念章的有朱敏、黄健、李多力、李敏、肖立昂。红色后代们获得纪念章后集体合影,共同唱起歌曲《神圣的战争》,一起回忆那段难忘的时光。

呼伦贝尔市基本情况介绍

呼伦贝尔市得名于境内的呼伦湖（亦称达赉湖）和贝尔湖，处于中华人民共和国版图上的雄鸡之冠，是内蒙古自治区最东部的地级市。呼伦贝尔地处东经115°31′－126°04′、北纬47°05′－53°20′，总面积为25.3万平方公里；呼伦贝尔毗邻东北老工业基地，北和西北部以额尔古纳河为界与俄罗斯接壤，西和西南部同蒙古国交界，素有"鸡鸣闻三国"的美誉。全市下辖1区5市7旗，49个镇，14个乡，9个苏木，37个街道办事处，首府所在地海拉尔区是全市政治经济和文化中心。全市共有43个民族，总人口272万人，少数民族人口50.4万人，占全市总人口的18.5%，是一个以蒙古族为主体的多民族聚居地区。主要有以下几个方面的特点：

一是地域辽阔。呼伦贝尔市总面积为25.3万平方公里，东西绵延630公里，南北总长达700公里，占自治区总面积的21.4%，占全国总面积的1/40，其面积相当于山东、江苏两省面积的总和，也相当于1个英国和6个瑞士的国土面积，是全国国土面积最大的地级城市。全市耕地总面积为1797万亩，占全市土地总面积的4.7%，人均耕地面积6.6亩。呼伦贝尔拥有世界上目前保存最为完好、纯天然、无污染的天然草原，是中国最大的，也是世界上最著名的天然草原之一，天然草场总面积1.26亿亩，占全市土地总面积的33%。大兴安岭纵贯呼伦贝尔中部，绵延千里，构成了呼伦贝尔林业资源的主体，呼伦贝尔市林地面积达到2.03亿亩，占全市土地总面积的53.4%，占自治区林地面积的75%。森林覆盖率50%，活立木蓄积量11亿立方米，占全区的75%、占全国的9.5%。天然草场、天然林地人均占有量均居全国之首。

二是历史悠久。早在二万年前，古人类——扎赉诺尔人就在呼伦湖一带繁衍生息，创造了早期的呼伦贝尔原始文明。自公元前200年左右至清朝，辽阔的呼伦贝尔草原孕育了中国北方东胡、匈奴、鲜卑、契丹、女真、蒙古等诸多游牧民族。公元1世纪，活动在境内鄂伦春旗一带的拓跋鲜卑族"南迁大泽"（呼伦湖），建立了强大的鲜卑部落联盟，并入主中原，建立了北魏王朝。13世纪，随着蒙古族的强大，成吉思汗统一了包括呼伦贝尔在内的整个蒙古高原，清朝康熙、雍正年间，呼伦贝尔地区被划为2个行政区，岭西称呼伦贝尔，岭东称布特哈。1945年日本投降以后，岭西地区建立了呼伦贝尔地方自治政府，1954年设立呼伦贝尔盟，2001年10月10日经国务院批准实现撤盟设市。

三是文化灿烂。正是由于呼伦贝尔历史发展独特轨迹，被著名历史学家翦伯赞先生誉为"中国北方游牧民族成长的历史摇篮"，东胡、匈奴、鲜卑、蒙古等诸多游牧民族在这里创造了灿烂的游牧文化，也被史学家们称为"中华文明的第三源"。呼伦贝尔是典型的民族区域自治地方，全国仅有的3个少数民族自治旗——莫力达瓦达斡尔族自治旗、鄂温克族自治旗、鄂伦春自治旗都在我市，全区19个民族乡呼伦贝尔市占到了14个。达斡尔、鄂温克、鄂伦春"三少"民族和俄罗斯族，民俗文化原始奇异，独具魅力。生活在这里的巴尔虎、布里亚特、厄鲁特蒙古族也以其独特的民俗文化区别于内蒙古其他地区的蒙古族，呈现出了蒙元文化、俄罗斯文化、鄂温克文化、鄂伦春文化、达斡尔文化等多民族文化活力四射、齐头并进、共同繁荣的发展格局。

四是风光无限。呼伦贝尔大草原、大森林、大水域、大冰雪、大口岸、大民俗共同构成呼伦贝尔大旅游。森林与草原交汇、绿夏与银冬交替、民族风情与历史文化交融，森林、草原、湖泊基本保持了原始风貌，使呼伦贝尔正成为世人瞩目的旅游热点地区，素有"绿色净土"、"北国碧玉"之称，国家确定生态建设示范区，是全国旅游二十胜景之一和全国六大景区之一，全国唯一的国家级草原旅游重点开发区，呼伦贝尔还荣获了CCTV2006年度"中国最佳民族风情魅力城市"称号。也形成了独具特色的主题旅游形象：呼伦贝尔—中国北方原生态旅游胜地、休闲旅游胜地。开发了以草原、森林、冰雪、河湖、口岸、历史文化、少数民族风情、异域风情为主的一批旅游景区景点，并围绕景区景点推出了一系列精品旅游线路，概括来讲为"一条黄金曲线、五条精品环线、两条特色单线、五大客流中心"。2010年全市共接待游客980万人次，旅游业总收入143亿元。

五是资源富集。呼伦贝尔市现有耕地1797万亩，天然草场1.26亿亩，天然林地2.03亿亩，人均占有量均居全区全国前列。森林覆盖率为50%，活立木蓄积量达到11亿立方米，占全区的97%、全国的9.5%，绿色、生态农牧林业久负盛名。境内有3000多条河流、500多个湖泊。水资源总量316.2亿立方米，其中地表水资源占全区的73%。探明各类矿产资源65余种、矿点500多处。全市煤炭远景储量近2000亿吨，探明储量1000亿吨，探明储量是东北三省总和的6倍；拥有得耳布尔和大兴安岭两个有色（贵）金属成矿带，海拉尔盆地石油资源富集。由于我市煤水组合优势明显，国家已把我市列为国家重要的煤电、煤化工基地和大型石油基地。石油预测总资源量10亿吨。野生动物500余种，占全区的70%以上，国家级保护动物30余种。有经济价值的植物多达500种以上。被誉为"北方野生动植物的天然王国"。

六是民风淳朴。呼伦贝尔地处祖国北疆，在其长期的发展进程中，已经基本完成了从原始游牧向现代文明的转变。但同时也完整地保留了呼伦贝尔人原始的热情、善良、淳朴的独特地区民族人文性格。从农区的发展来看，这里的人们有很多是自明、清时代就来到呼伦贝尔戍边的移民，也有后期迫于生计，从山东、江浙等内陆地区到呼伦贝尔谋求生存的贫苦百姓，经过几代、甚至几十代的融合发展，已经形成了呼伦贝尔独特的地区风格，也同时保留了地区淳朴勤劳的生活习惯和善良朴实的人文性格，成为呼伦贝尔地区民族大家庭的重要成员。呼伦贝尔林区多年来作为国家重点木材供应基地，为国家建设付出了辛勤的汗水，由此也形成了林区人的豁达、直率，甘于奉献的精神。而牧区作为蒙古族聚居的主要地区和繁衍地，热情、好客、勇敢在他们的身上体现的最为突出。

七是口岸集中。我市地处祖国北部边陲，分别同俄罗斯、蒙古国交界，边境线总长1733.32公里，是全国唯一的中俄蒙三国交界区。我市现有8个口岸对外开放，分别为满洲里铁路、公路、航空口岸，黑山头、室韦口岸（对俄），阿日哈沙特、额布都格口岸（对蒙古国）和海拉尔东山机场航空口岸。其中，满洲里口岸为全国最大的陆路口岸，是亚欧大陆重要的国际通道。这些口岸的开放形成了以满洲里口岸为龙头，黑山头、室韦、阿日哈沙特、额布都格口岸为两翼，海拉尔航空港为中心，布局合理的沿边开放带和铁路、公路、航空立体交叉全方位对外开放的格局，使呼伦贝尔市具备了成为国家向北开放前沿阵地的基础条件。

图书在版编目(CIP)数据

呼伦贝尔文化博览 / 金昭主编.—呼伦贝尔：内蒙古文化出版社，2011.11
ISBN 978-7-80675-962-2
Ⅰ.①呼… Ⅱ.①金… Ⅲ.①文化—概况—呼伦贝尔市 Ⅳ.①G127.263

中国版本图书馆CIP数据核字（2011）第237086号

呼伦贝尔文化博览
金昭　主编

内蒙古出版集团有限责任公司
出版发行　内蒙古文化出版社
（呼伦贝尔市海拉尔区河东新春街4-3号）
邮　　编　021008
网　　址　www.nmwhs.com
投稿信箱　dingyongcai@163.com
直销热线　0470-8241422
印刷装订　北京宝隆世纪印刷有限公司
责任编辑　丁永才　包文明
装帧设计　董焕琴　董丽娜等
开　　本　260×186毫米
印　　张　9
字　　数　10万
2011年11月第1版　2011年11月第1次印刷
印数　1-5000册

ISBN 978-7-80675-962-2
定价：980.00元